保育の質を高めるドキュメンテーション
園の物語りの探究

秋田喜代美、松本理寿輝 監修

東京大学大学院教育学研究科附属発達保育実践政策学センター、
まちの保育園・こども園　編著

中央法規

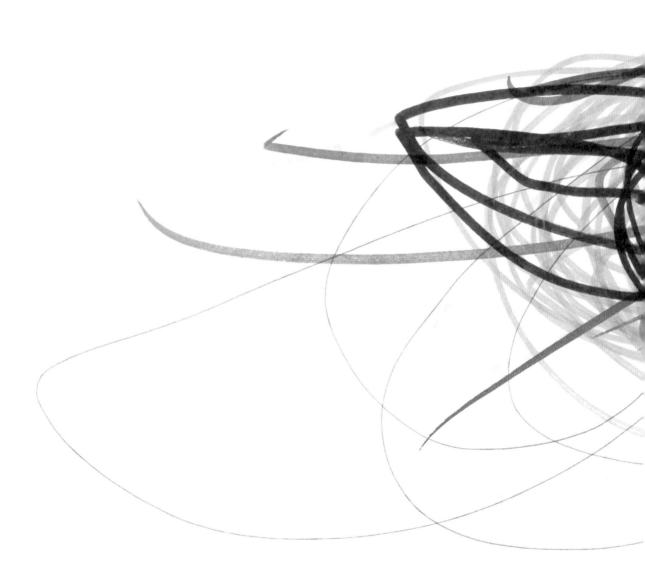

さまざまなドキュメンテーション

すてないでください 10月3日

いずみぐみのAくんから紙飛行機の折り方を教わってあそんだあと、

"だいじなものだからすてられたくない"

と、思ったようです。
「かみある?」と聞かれたので用意すると、
「すてないでくださいってかこうよ」と言い始めました。
わからない文字は、『あっちゃんあがつく』の本を見たり、友だちを頼ったり。
文字だけでなく、「どろぼうがこわがってにげるように」怖い顔を描いたり、
「ピザのえもかいたらおなかすいてかえるよ!」と加えてみたりもしていました。
"あしたもやりたい""たいせつにしたい"という思いを叶えるために、少し先の
未来を想像する心。
そして、自分の思いを文字という形で表現しようとする力が、こんなにも育っ
ているようです。

今までは、たっぷり遊んだあと「とっておく」と言いつつも、棚の上に置きっぱなしでした。けれど【自分の気持ちだけで置いておいても、相手に伝わらないと意味がない。とっておくということは、誰にも捨てられずにあるということ。そのためには、きちんと"捨てないで"と伝えなきゃいけない】ということを今までの経験から学び、「すてないでくださいってかこうよ」という会話が生まれたのかもしれません。

今回の出来事から、何かを大切にする気持ちとは、遊んでいる"いま"だけでなく、自分が帰った後も、明日も、目に見えない未来へと続いていくこと。
そして、自分の思いを形にするツールのひとつに文字があり、その文字を吸収していく過程で一番大切なのは、"伝えたい"という気持ちだということ。この2つを教えてもらった気がします。

（まちのこども園 代々木上原 保育士）

豊かなプロセス　8月15日

フィンガーペインティング。
その名の通り、指や手にペイントをつけて紙に色をのせていきます。ミニアトリエからは2人の楽しそうな声が漏れて聞こえます。
ペイントの滑らかさから、手を早く動かしたり、ゆっくりにしてみたり、止めるとペイントの凹凸が出来ることに気づきます。指でなぞり、絵や文字を書いては消しを繰り返します。相手のすることを受け止め、否定することなく関わり合う姿は印象的です。

心ゆくまで色を重ねた後には…
「水がこぼれたみたい??」と表現する2人。

私たちはプロセスを大切にしています。
テーマがあると、いざ描こうと思っても頭で考えすぎて描けなかったり、人と比べてしまい躊躇することもあるかもしれません。

気心の知れた2人だからこそ感じたプロセス。
心が動き、たくさんの気づきや学びが見えました。
フィンガーペインティングは、プロセスを自然と引き出し、子どもたちの学びを深める素材の1つとして適しているようです。

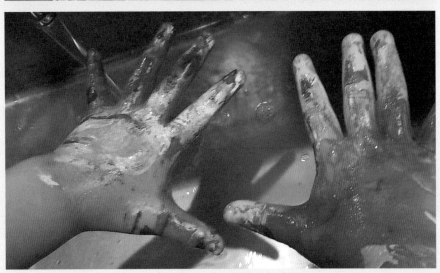

幼児期のお子さんをもった保護者から「うちの子絵が描けないんです」という声をよく耳にしていました。2歳から3歳頃になると、抽象的な表現から具体的な表現をすることが少なくないのですが、幼児期になると発達的に他者から見られていることに気づき、その視線を意識するようになります。自分と他者の表現を比べてしまい、描けなくなってしまうこともあるようです。

フィンガーペインティングは、年齢を問わず、五感を感じながらプロセスをじっくりと探究することができます。さらに "うさぎを描こう" などとテーマを決めないので、子どもたちが素直に描く気持ちをもって進める中で、自分自身の本当の可能性を確かめる道も広がります。

素直に表現するというのは、自分を大切にし、自分の主体性に基づいて表現するということです。このプロセスに視点を置くことで、描くことの醍醐味を保護者と共有できたらと思い、作りました。

（まちの保育園 小竹向原 保育士）

柔らかな発想 2月14日

ハサミでの活動がとにかく好きな、たんぽぽ組。ある日の朝の会でも、散歩へ誘うも「ハサミやりたい」の一点張り。「じゃあハサミ持って散歩行こうよ」と誘うと「行く!!」との声。

公園へ着き
「紙を持ってきてないから、切りたいと思うもの探してみて」と伝えると、真剣な表情であたりを探し始めました。石、砂、葉っぱ、根っこ、葉っぱの茎……手にとったものを次々に切ろうと挑戦します。

石が切れないと
「なんで切れないの?」と不服な表情をしたり、

葉っぱが切れると
「切れた——!」と満面の笑み。

ハサミで切るのは紙、ハサミを使うのは部屋の中。
そんな概念に縛られず、彼らのやってみたいという意欲のもと、私たち大人も彼らの柔らかな発想に刺激を受け続けていきたいと感じました。

実際にレッジョ・エミリアに行って聞いた言葉で、とても印象的なものが2つあります。1つは「戸外は、自然のアトリエ」であるということ。2つ目は、部屋の外と中を別物として考えず、境目が曖昧であることにこそ良さがあり、2つの間には壁がないと常に意識しているということ。このエピソードはまさに、その言葉通りのものでした。

保育・教育は、子どもたちの「やりたい」という意思を前提に、「育ってほしい姿」とそれに対する私たちのねらいとのバランスを考えて組み立てていくものです。もちろんこの時も、戸外活動を取り入れたいという私たちの意図がありましたが、レッジョ・エミリアでの2つの言葉を思い出し、発想を転換させました。脳みそを常に柔らかくし、固定観念を丁寧に剥がしていくことを、私自身、彼らの姿から日々学んでいます。

変化を恐れず発想を転換し続けることは、複雑な社会の中で、大人にとっても子どもにとっても大切なことなのではないでしょうか。

(まちの保育園 小竹向原 保育士)

遊びを見つける力 7月26日

毎日のように水遊びをしているたんぽぽ組。
カップや玩具、素材を一緒に使うのも楽しそうですが、あえて何も提供せず
とも、子どもたちは手や足・からだ全部を使って水と仲良くなっています。
「ヒト 対 素材」で一対一で向き合う機会、
「ヒト 対 素材」の間に媒介が存在する機会、
それぞれに良さがあると感じながら私たちは素材や環境を提供しています。

ある日も、たらいに水のみを入れて提供してみました。手でジャバジャバと水
を叩いて飛沫をあげたり、足で踏んで冷たさや感触を楽しむ子どもたち。
そのうち、園庭から葉っぱを持ってきて水に浮かべ、ゆらゆら揺れる葉っぱ
をじっと眺める姿や、何か媒介が欲しいと考えたのか、園庭にあるお皿を自
ら取りに行く姿がありました。

素材を楽しみ、その性質を味わう。次に、自ら思考力を働かせ、遊びを見つ
け出す。私たち大人はどうしても、子どもが何も手にしていないと「足りない」
と感じ、なにかを与えがち。けれど彼らは、そこに素材がない、という環境
自体も楽しみ、時には自分たちで環境に関わり、遊びを自分で見つけ発展さ
せる力をじゅうぶんに持っています。
その発想力と適応力に、日々驚かされるばかりです。

まちの保育園 小竹向原では子どもたちが素材と出会い、その性質とじっくり向き合う時間を大切にしています。そこには、誰かに教わるだけでは知ることのできない、大きな発見や探究があり、子どもたちの主体性や表現力、自立心、思考力がより一層育つと私たちが信じているからです。道具を介さず、一対一で素材と触れ合う環境にいることで、彼らは「思考」し、深い探究を始めます。

ものが溢れている時代の中で、大人はどうしても子どもに対して過剰に何かを提供しがちですが、「足りない」という感覚そのものがないことが彼らの特徴であり、大人にはない強みです。レッジョ・エミリア教育では、環境は第3の教師と呼ばれています。柔軟で心地よく、魅力的な環境は、好奇心に溢れる子どもたちに様々な学びをもたらしてくれます。その理念のもと、一人一人の子どもの個性・姿に適した環境をつくるのが、私たちの使命であると考えています。

（まちの保育園 小竹向原 保育士）

17

意欲と過程 2月14日

粘土をひたすらにちぎって並べていたので、粘土板を出してみました。
それに気づいた彼女は、今度はテーブルの上ではなく粘土板の上に粘土を並べ始めます。並べ始めると勢いがかかり、隙間を埋めるようにして粘土を敷き詰めます。

隙間がなくなったらどうするのか？
粘土がなくなったらどうするのか？

しばらく見ていると、次に彼女が行ったのは「積む」行為。平行線に敷き詰めた粘土を、今度は立体的に上に重ねたのです。

何が終わりでも、何が完成でもない。そこにあるのは、「意欲」と「過程」。
彼女の真剣な眼差しは、活動時間の終わりまでずっと続いていました。

私たちが大事にしている考え方として「プロセス主義」があります。「何ができるようになったか」ではなく、子どもたちが今、何に夢中になっているのか。何に気づき、どのような探究をしているのか。「結果」ではなく、「過程」にこそ意味があり、深い学びがあると信じています。
私たち大人は、どうしても完成された作品を追い求めがちですが、彼女の熱中している姿を見ていると「今」この瞬間にこそ、価値があり、学びの種が蒔かれているのだと感じました。

この時彼女は、おそらく「なにかをつくろう」とは思っていなかったでしょう。ただひたすらに、目の前にある素材と無心に向き合う。「やってみたい」と思ったことを、とことん追求する。そこが子どもたちの、柔軟で豊かな感性とその表現力の源なのかと思います。
求められた完成はなく、終わりはなく、彼らの興味や意欲は、これからも果てしなく続いていくことでしょう。

（まちの保育園 小竹向原 保育士）

春の光の色 2月28日

光に色はあると思う？
あるよ
きいろとかオレンジ
たいようはしろっぽいきいろをしてる
いろんないろ
みえないいろ
キラキラしてるいろ

光の色は変わるのかな？
さむいときはしろのいろをしているきがする
ふゆはくらいでしょ　だからしろいいいろなんだとおもう
ふゆはつめたいきれいないろ

寒い冬が終わりに近づき、ある朝に暖かな光が代々木公園
のアトリエに降り注いでいました。子どもたちはその春の光
について、さまざまな想像をめぐらせました。
私の「光ってなーに？」という質問に対して子どもたちから「お
ほしさま、たいよう、でんき、ほうせきばこ」「ダイヤモンドも
ひかり？」「おつきさま」「あめがふったあとのにじ」などがでま
した。
その頃アトリエでは、絵の具で色作りをすることにとても夢中

じゃあ冬から春になっていくとき光の色はどうなるの？
はるはおはながさくでしょ
ピンクとかきいろとかオレンジのはながね
あったかくなるからあったかいいろじゃない？

あったかい光のいろってどんな色？
あか！ ピンク！ オレンジ！ きいろ！ あかむらさき！ みどり！ きみどりも！

みんなで絵の具で作ってみない？

だったので、光の色を作ってみることを提案しました。子どもたちは思い思いに光の色作りをし出来上がった色について尋ねると、『ピンク―あったかいたいようのひかりのいろ、さくらのひかりのいろ』『きみどり―はっぱのひかりのいろ、あさのひかりのいろ』『きいろ―ほうせきのキラキラいろ』『オレンジ―ゆうやけのみかんいろ』などたくさんの春の色が完成しました。
子どもたちは代々木公園の自然の変化を日々感じているから

こそ、豊かに光を色で表現していました。自然とのふれあいの中で色作りを楽しむ子どもたちの姿は、とてもいきいきしていました。その後、自分たちの作った絵の具で春の光の絵を描く活動へとつながっていきました。

（まちのこども園 代々木公園 アトリエリスタ）

保育者の背中 <small>2月23日</small>

子どもたちの今に寄り添い、子どもたちの未来を探る保育者の背中は、

この子のために、どんな関わりをもてるかな？
この子の素敵なところをたくさん引き出していきたいな

そんな心の声が聞こえてきそうな、優しくて暖かでまあるいかたちをしている

開園前に、この園らしい私たちらしい保育ってなんだろうとたくさん考え、何度も対話をしてきた保育者たち。実際に開園してからは、全員が新入園児と新しい仲間という子どもも大人も慣れないなか、毎日が怒涛のように過ぎていきました。
しかしそんな中でも、なんとか子どもたちの信頼を獲得したい、理想の保育に近づきたいと頑張る保育者の姿が、園の中のそこかしこにみられました。
泣く子を抱っこしてあやす時の子どもを優しく包み込むような

背中。
一生懸命話す子どもに目線を合わせるためのちょっと猫背になった背中。
子どもを信じ、子どもの未来を想い描く頼もしい背中。
保育者のいろんな背中に見守られながら子どもは育っていくと感じて、また、日々頑張る保育者たちにエールを送りたくなって、このドキュメンテーションを作りました。

（まちのこども園 代々木公園 看護師）

食材と向き合う 9月17日

キッチン前のカウンターに、野菜の切れ端や給食であまりでない食材などを置いています。クラスに持ち帰って活動や制作に使ってもらったり、今日の給食にどんな食材が入っているのかがわかればと思い、置き始めました。
6月頃から始めましたが、子どもたちそれぞれが食材と触れ合う姿を、日々カウンター前で目にします。

匂いを嗅ぐ
名前を確かめる
質感を探る
野菜を頬につけて温度を感じる

人によって様々な関わり方で、全ての感覚を使って食材と向き合っています。私たちにとって切り離せない食事ですが、日々生活している中での食材との関わりは、意外に少なく感じます。特別なことをしなくても、何かひとつきっかけがあるだけでこんなに気軽に食材と触れ合うことができるのだと、子どもたちの姿に気づかされる毎日です。

以前、1歳児クラスに玉ねぎの皮むきを手伝ってもらった時、ある子どもが玉ねぎをボールに見立てて転がす姿がありました。食材と認識していたのか、そうでなかったのかはわかりませんが、その姿は、素直に玉ねぎとの関わりを楽しんでいるように見えました。この場面に出会ってから、食事以外での食材との出会いや、素材としての食材の関わり方について考えるようになりました。

そして今回、野菜をキッチン前に置いてみて、子どもたちが

それぞれの感じ方や関わり方で、それらと触れ合っている姿を日々目にします。その様子は、彼ら一人ひとりの多様性を、食材との関わりを通して見ているようにも思えます。普段捨ててしまっている部分が、子どもたちの感性によって輝き、探究の一つになっていく、日々新たな発見をたくさんもらいます。彼らの影響を受けながら、色々な角度から食と触れ合う環境を作っていければと思っています。

（まちの保育園 小竹向原 栄養士）

汽車とまちのプロジェクト1
友だちの力を借りて 7月6日

これは何に見えますか?

答えは【電車】だそうです。4歳児クラスのO君は電車を作ろうとしましたが、
思うように形にならず、写真①のまま終わりそうでした。

保育者「電車づくりで何か必要なものがあったら言ってね」

しばらくすると……
O君「タイヤを作るから紙ちょうだい」

①の細い紙に車輪（タイヤ）をつけるため、別の紙に車輪を描いていきます。しかし、車輪をつけるための電車の本体が思うように作れず、どうしたらいいか悩みます。すると、近くにいたR君とS君が興味をもち、O君のイメージを形にしてくれます。知恵を貸してもらい写真②のように本体が出来上がり、簡易的な車輪をつけることが出来ました。さらに、車輪の形や配置を、より具体的にするため【ちいさい　きかんしゃ】という絵本を参考にします。自然と話が盛り上がり、絵本の汽車をイメージして作ることになっていきました。
一人では難しいことも友だちの力を借りれば形に出来る！　と思ったO君。
この日から、小グループでの汽車づくりが始まりました。

②

子どもたちの遊びは学びです。この事例では、遊びを通して思考錯誤することや協同性が育っているように感じます。まちの保育園では、子どもたちの主体的な学びを重視するとともに、小グループの活動を大切にしています。探究する中、電車・汽車づくりから線路→駅→街→まちの博物館などに発展し、半年にわたる継続したプロジェクトとなりました。そのきっかけとなる最初のドキュメンテーションです。
O君のイメージする物を作るという目的に向かい、他者との関係性の中で学びを深めていく姿を切り取りました。社会で価値のあることの1つは、ある物とある物を組み合わせて、新しいことを生み出すことですが、子どもたちもすでに知っていることと、持っているスキルを遊びの中で組み合わせながら、新しい知識やスキルを獲得していきます。
紙で汽車を作り終えると、自分たちの経験と絵本から得た知識を話し合い、素材を変え、試行錯誤しながら線路づくりへと発展していきました。　　　　（まちの保育園 小竹向原 保育士）

汽車とまちのプロジェクト2

本物の線路を作る 7月12日

子どもたちは、自分たちのイメージに合う素材を素材庫から選びます。
すると…

「（線路にある石は）ひかり組の時に拾った石を使いたい」

との声が上がったのです。
写真の石はひかり組（３歳児クラス）の時、石を宝物に見立て、箱いっぱいに
入れ保管していた物でした。これを線路にある石に使いたい、というアイディ
アが出ました。保育者たちは今の子どもたちにとって、この石をどのように提
供することがいいか考えます。話し合いの末、保育者が厚い板の上にタイル

を貼る目地材を流し込み、子どもたちたちがそこに石を置いていくことになりました。

「線路に横の棒でボコボコしないやつ（枕木）もあるよ」
「"本物"の汽車作りたい！」
「"本物"のまちが出来そう」等

子どもたちが拾った石。この "本物" の石を使用したことで、リアル感が増し、"本物" というキーワードからイメージを広げて作る姿が出てきました。

子どもたちの主体的な学びを重視しているという話を書きましたが、すべてを子どもたちに委ねているわけではありません。よき育ち・学びの環境をどのように支えるかには、私たち保育者の専門的なアプローチがあります。
保育者同士で今の子どもたちの成長・発達やこれまでの経験から、どの素材をどのタイミングで提供することがいいのか、多くの仮説を立てて対話を行います。子どもたちは本物の石を使うことで、リアルを再現する表現遊びに心を動かしていきました。半年以上前に拾った石に馳せる思いや、一つひと

つの石を愛おしそうに設置する姿、友だちと一緒に何日もかけて収集した時の話をしながら、絆を深めあうような姿もありました。
"本物" というキーワードが生まれたことで、本物を追求した汽車・駅づくりに発展し、さらに探究を深めます。また、実際にまちを歩き、子どもたちが気づいた視点を活かしたお店づくり等に広がり、毎日目的をもって遊びこんでいきました。

（まちの保育園 小竹向原 保育士）

教える人・教わる人 9月上旬

厚紙で建物を立体で作るということは難しい工程です。
ある子が立体の作り方を会得すると、その子から作り方を教わり、立体を作
れる子が増えていきました。
教える人・教わる人…この関係性の中で見えてきたことがありました。

【教える人】
・黙々と作るところを見せる。
・途中まで作り、残りは「（見れば）わかるでしょ」と、教わる人に任せる。
・言葉だけで作る工程を伝える。

【教わる人】
・教えてもらった通り忠実に作る。
・自分では作らず、作ってもらった物をそのまま使う。
・教えてもらったことを参考にしつつ、全く違うアプローチで作る。

教える人・教わる人の捉え方は十人十色です。
教えることで気づくことや得ていく自信。教わることから気づくこと…
この関係の中からたくさんの学びが見えてきます。

疑問に思う…ということ 10月22日

立体の建物づくりをしている時、園にあったまちのこども園 代々木上原の模型を見て・触る機会がありました。とても興味をもつ姿があったので、日本大学芸術学部デザイン学科の桑原淳司先生にお願いして、模型の展示を中心に大学内を見学をさせていただきました。

そこで出た質問です。
「模型は何（の素材）で出来ているの？」
「模型はどのように作ったの？」
「模型はどうしてボンドをつけるところとつけないところがあるの？」
「どのようにして屋根が開くようになってるの？」
「（家で使った）水はどこにいくの？？」
「階段はどうやって作るの？」
「なんで模型は白いのか。本物の家の色はどうやって決めているの？」
「本物の太陽電池と模型の太陽電池は何が違うの？」

模型は素材や厚紙等で作ってきた立体の建物を発展させた物です。これまで探究を深めてきたからこそ、建物の仕組みに興味をもち、出てきた疑問の数々。疑問に思い、それを言葉にして伝える。そして、聞いた答えをどのように捉えるか…
間違いなくこれからの力になったことでしょう。

汽車とまちのプロジェクト5

まちを組み立てる 9月11日～11月30日

子どもたちは対話を通して、作った物を自分達以外の人にも見せたいということになりました。まちの博物館と名前を決め、準備することになり、友だち同士でイメージを共有しながら組み立てていきます。

「駅の近くにお店があるんだよ」
「ここはお店が集まるところね」
「そしたら、電柱はここらへんがいいかな」
「保育園の近くに木置くね！」
「飛行機はあるけど、飛行場がないから作らなきゃ」
「恐竜博物館に行く時に乗る用の電車作ろうかな」

遊びながら組み立てていく工程は子どもならではなのではないでしょうか。皆が納得するまで、まちを組み立てました。

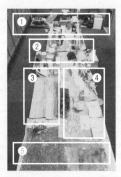

【配置図】
❶汽車と線路、江古田駅
❷保育園、お店屋さん等
❸飛行場
❹遊園地、動物園、
　恐竜博物館、水族館
❺海

プロジェクト3は活動に興味をもつ子が増える中で見られるようになった姿です。教える人は、自分達の活動を他児から認めてもらうことで自信をつけ、教わる人は学ぶ姿勢から自身の可能性を伸ばしていく。学びを深める大切な要素の一つです。
プロジェクト4で地域にある大学の先生との対話から生まれた視点を活かし、プロジェクト5の博物館を作りました。博物館ができると、友だちや保護者・地域の人を招待し、関わる時間をもちました。博物館の一部を法人本部オフィスに展示

してもらえることになり、電車に乗って見学に行くという活動にも広がりました。
子どもは、自分自身で伸びる『芽』をもっています。生まれて間もない時から、創造力とアイディアに満ち溢れ、驚くべき感性と意志をもっています。自らの興味や関心・経験に基づいて仮説を立て、共同作業の中で検証し、仮説自体を豊かにします。さらに社会・文化と関わりながら活動することで成長することを、このプロジェクトを通して教えてもらいました。

（まちの保育園 小竹向原 保育士）

ドキュメンテーションは何を伝えたいのでしょうか?

　4歳児クラスの男の子が、白い紙に絵を描いていました。しかし、描いては消し、描いては消し。なかなか絵は進みません。保育者同士でそのエピソードを話し合いました。

「なぜ消すのかな」
「自信がないから?」
「思うように書けないから?」
「失敗したくないから?」
「どうしたら自信をもって描けるのかな」

　子どもたちの姿はどれ一つとっても意味深いことです。私たちはいろいろ話し合って、鉛筆と消しゴムではなく、「消さなくていいんだよ、どれも失敗ではなくて、全てがあなたの大切な歩みだから」という想いを込めて、黒いフェルトペンを準備することにしました。

　これは、まちのこども園 代々木公園が開園して1年目のエピソードです。私たちの園づくりの保育観や子ども観を形成する一つの分岐点ともなったドキュメンテーションでもあります。
　私たちは、よく話します。子どもも大人もよく話します。日々の子どもの姿や言葉は、保育者によって綴られ、ドキュメンテーションになります。そして、そのドキュメンテーションを中心に、その前の子どもの姿や、その後のエピソードも交えて保育者同士で話します。なぜこの活動が生まれたのか、この中で子どもたちはどんなことを感じて、何を体得しているのか、子どもたちがつかもうとしているものは何か。一つのドキュメンテーションから問いが立てられ、たくさんの見方が集まり、それは、次の日の保育や環境を考えていく大切な手がかりとなっていきます。
　また、ドキュメンテーションは、子どもと保育者だけのものではありません。
　「春の光の色」は、アトリエリスタの問いに答えた子どもたちの言葉を綴っています。このドキュメンテーションは、子どもたちが絵の具で表現した「春の光の色」を小瓶に入れ、その小瓶には子どもの言葉が一つひとつ

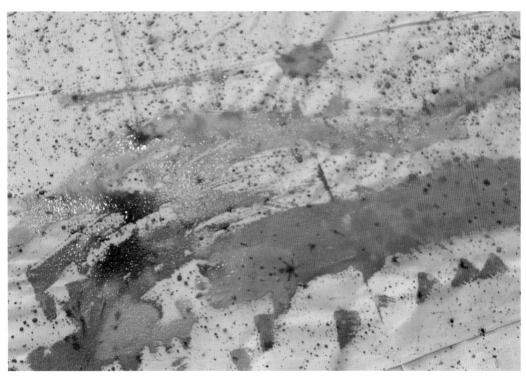

春の光の色を描く

書かれています。「ゆうやけみかんいろ」「ママのネックレスのひかりのいろ」
…。

　「春の光の色」が入った小瓶とドキュメンテーションは、一緒にパブリック
スペースであるアトリエに1年ほど置かれていました。これには意味があ
ります。一番は、子どもたちへ。【あなたの作品や言葉はとても大切なもの】
のメッセージと、【子どもたち自身の活動を意味づけ・価値づけするため】。
そして大人たちへは、【子どもの作品や姿、言葉から、その考えや表現、
感覚や感情を共有し、一緒に楽しみ、面白がり、話しましょう】というメッ
セージを含みます。ここを通る保護者や園を訪れる人たちが、このドキュ
メンテーションに足を止め、じっくりと読み、小瓶を光にかざして見る姿
が何度もありました。

　ようやく3年目、まだまだ十分ではなく拙いドキュメンテーションかもし
れませんが、その全てが子どもたちと園の大切な軌跡です。子どもたち
の姿や言葉がドキュメンテーションを通し、保育者同士で対話され、家庭
と共に語り合い、園の文化や子ども観・保育観をつくり、コミュニティを
作る中心になっています。

（まちのこども園 代々木公園 園長）

はじめに

本書はじまりの問い

　「保育の質向上」という言葉が、政策等だけではなく、園の研修や実践の中でも近年よく使われるようになりました。日々の保育の中で、保育の質とは具体的にどのようなことなのでしょうか。

　私はこの本づくりが始まる直前、園庭の質を考えることをしていました。広さや物の有無ではなく、子どもの経験からみる質とは何かという問いを立てることで、園庭において新たなものが見えてくる経験をしました。ちょうど同時期に、松本理寿輝さんとともにレッジョ・エミリアのドキュメンテーションについて、シンポジウムなどでご一緒させていただき、本書に執筆されているイタリア・レッジョ・チルドレン代表のクラウディアさんやペダゴジスタのマリーナさんをはじめ、いろいろな方々と対話をさせていただく機会を得ました。

　イタリアのレッジョ・エミリアから生まれたドキュメンテーションが日本に紹介されてから20年あまりの年月が経ち、現在ではわが国の多くの園で作成されるようになっています。

　その時に考えたのが「ドキュメンテーションの質やその質を高める、質が高まるとはどのような過程で何を意味するのだろうか?」何を使ってどのように作るのか、週に何枚書くかという行為よりも、「子ども、保育者、保護者、園にとって意味あるドキュメンテーションの質とは何か」という問いでした。そしてさらには「Well-being（善くある、幸せ）につながるドキュメンテーションとは」と、ドキュメンテーションする行為が保育に何をもたらし、何につながるのかを、改めて園の実践の具体的な姿から考えるという問いです。それらの問いを私が松本さんに投げかけ、松本さんがまちの保育園・こども園の皆さんとともに対話をはじめる場を生み出してくださり、ともに探究する物語りが始まりました。

　対話を重ねる歩みの中で、ドキュメンテーションを作るプロセスとともに、それが何を目指すのか、何をもたらすのかという学びの方向性を考える「ドキュメンテーションの8の字」という、松本さんや園の皆さんたち自身が命名したモデルが編み出されていきました。私が「質のプロセスモデル」とお話したことを、「8の字」と翻案・デザイン化を保育者の皆さんの知恵によってなされていきました。

　この問いは、終わりや答のない探究の旅です。そして読者の皆さんとともに、さらに対話と探究を続けたいという思いから、本書タイトルは『保育の質を高めるドキュメンテーション 園の物語りの探究』となりました。一つの完成した物語・作品を本として提示するのではなく、物語りつつ歩みを続けることを願って「物語り」と記しています。

冒頭のさまざまなドキュメンテーションから

　本書冒頭の13枚のドキュメンテーション群から、皆さんは何を感じ、何を読み取られましたか。ドキュメンテーションは、園のありよう、園のアイデンティティと文化を映し出す手鏡のようなものかもしれません。園名をみるとわかるように、まちのこども園といっても、1園だけのドキュメンテーションではありません。同じ保育哲学を共有する複数園が各園、各々の保育者の持ち味を活かしたドキュメンテーションを作成しています。また、作り手の職種をみていただければ、保育士だけではなく、栄養士、看護師など園のさまざまな職種の人が日頃から連携・協働していく、その一つとしてドキュメンテーションの作成に参画されていることが見えてくると思います。

　こうした多様な職種の視点が、ドキュメンテーションに新たな視点をもたらしてくれています。レッジョ・エミリアでは、子どもの固有名やその思考や学びのプロセスと同時に、そのドキュメンテーションは誰が作ったのかという作成者のアイデンティティとしての氏名も大事にされるとうかがいました。本書もその子らしさと同時に、作成者のその人らしさや大事にしていることが見えてきます。

　13枚の中には、一人の子どものあるひとときの出来事から、汽車とまちのプロジェクトのように7月から11月まで続くプロジェクトまで、その記録もさまざまに見えるように配列しています。しかしそこに共通する点として、丁寧に記され考えられた語りの数々を見ることができると思います。「丁寧に」というと、詳しく書くとか何枚も写真等を組み込んで書くともとらえがちですが、むしろそうではないことにも気づかれるでしょう。

　子どもの言葉や動きに保育者自らが心動かされ、ある気づきを見出し、それをドキュメンテーションすることで、届けたい相手と伝えたい思いがあることがこれらの共通性かと思います。そしてそれは、各ドキュメンテーションの中身だけではなく、そこにつけられた見出しや、つづられた言葉と同時に、文字の大きさや間隔といった数々の表現法の媒体を通して物語るものが伝わってきます。余地や遊び、間があるシンプルさが、開かれた記録、対話が生まれる記録を生み出します。

　また写真においても、子どもの顔写真だけではなく、後ろ姿や佇む姿、置かれたものの位置からも、保育における子どもの経験、子ども同士や子どもと保育者のかかわり、そこで子どもが経験してきた時間の流れやうねりなど、重層的な関係性が伝わってくることを感じられると思います。

　またドキュメンテーションの下に、書いた際の文脈や意図として付せられた言葉からは、保育者が子どもの経験で何を大事にしているのかという価値や意味が伝わってくるでしょう。

　この本づくりの過程で、ドキュメンテーションを持ち寄って語り合った時に感じたことは、見出しひとつ、1枚の写真選びでも、そこにその人が込めた願いがあり、それが伝わる工夫が大事だということでした。そしてまた、それは一人ひとり違うということでもありました。保育は、丁寧な手仕事としてのブリコラージュのようなもので成り立ちます。日々のまなざし

やかかわりが、子どもの育ちを支えます。

　一方で、全国どこの保育の場でも、今難しい状況に置かれているのも現実です。それは本書の執筆者の皆さんも同様です。しかし、限られた時間の中で、伝えたいものをどのように記録に残すかという選択と対話によって、一つの園文化が生まれるのではないかと考えられます。この本は、ドキュメンテーションをどう作ればよいのかというノウハウが示されているのではなく、一人ひとりが保育の中で伝えたいことが生まれた時、それを表す際にどんな多様な手立てや道すじの可能性があり、そこから何が開けるのか、それはどんな子ども文化や園文化の生成への道を生み出すのかということを具体的な姿で示そうとしたものだと考えています。

ドキュメンテーションを飾り、集い、語らう

　本書に掲載されているさまざまなドキュメンテーションに、私は子どもの有能さやおもしろさとあわせて、保育のあるひとときに見える風景の美しさや、ドキュメンテーションの美しさも感じています。審美性、美的感覚、美しい、心地よいと感じることは、おそらく乳幼児期の子どもたちにとっても、また保育者にとっても、場としての落ち着きや輝きをもたらす大切なものだと思います。ドキュメンテーションをどこに、どのように、いつまで、なぜ飾ってあるのかということが、本書の中ではいろいろなところで具体的な写真や保育者のことばから読み取れると思います。この本からは、日々に生まれる記録であっても、保育環境の一つとなり、展示や掲示というよりも、飾るという言葉がふさわしいと感じられるでしょう。

　そして、ドキュメンテーションを介して保育者同士が研修等で語り合うことの大切さと共にそれだけではなく、保育者と保護者が、保護者同士が語り合っている風景も見ていただくことができると思います。子ども同士もまた、ドキュメンテーションを見ることで次の活動につなげる場面があることも、この本づくりの対話の中で話し合われました。

　子どもたちは、まちのプロジェクトなどでも、記録される存在としてだけではなく、自らもまた記録し、ドキュメンテーションする存在にもなっています。このように、人の絆を編み込んでいく媒介として、ドキュメンテーションが機能するからこそ、そこで何が語りの中核になるのかが大事になるのだと思います。

　本書で紹介する8の字の中心は、子ども理解です。ドキュメンテーションの8の字のプロセスの中で、実は子どもも保護者も相互につなぎ合わされ紡がれる網目がきめ細かになっていくのか、ドキュメンテーションの質の向上といえるでしょう。本書では、このプロセスはどのようなものかとメタ化して、保育者の皆さん自らが自分の言葉で記述しています。その言葉を読むことで、自身のドキュメンテーションのプロセスをとらえ直す時に、ドキュメンテーションそのもののありようをみるだけではなく、そこから生まれる対話のプロセスをドキュメンテー

ションの形や内容が形づくるという関係性が見える化され、研修等で語っていただけるなら幸いです。

園の文化・地域コミュニテイ、そして異なる文化へのリスペクトへ

　ドキュメンテーションを通して民主的な対話が生まれ、そこに地域コミュニテイが形成されるという共通の原理は、時代につれて、また社会文化により違いがあります。本書では、浅井幸子先生が日本の保育の記録の歴史を通して、日本の実践記録の文化を紹介しています。それを読むことで、時代とともに記録のありようが何につながっているのかを改めて考えてみることができると思います。

　また、まちのこども園・保育園だけではなく、筆者らと関係が深い園の先生方にも、園のドキュメンテーションの紹介をお願いしました。国立、公立、私立・民営の保育所、幼稚園、認定こども園等の施設類型は関係がなく、皆が同じ方向で大事にしていることが見えてきます。そこには、各園の知恵や書き方の工夫を読み取ることができます。それぞれの園の工夫の中に、伝えたいもの、つなぎたいもの、語りたいものがあることが見えます。私たちはそれらの園の独自の卓越性をとらえると同時に、それらを自分事としてつないで記録を読みつなげてみることによって、知恵をわかちあっていけるのではないでしょうか。

　レッジョ・エミリアの思想の原点を野澤祥子先生が紹介し、レッジョ・チルドレンのマリーナさんがご自身の経験をもとに言葉を寄せてくださっています。ドキュメンテーションのありようを自クラス・自園に閉じず語り合い、違いをエンパワメントに変え、いろいろな知恵を互恵的に分かち合うことが民主的で公共の知を生み出す保育の基点となります。ドキュメンテーションが各園の保育の未来の可能性を拓く窓となっていくことを願っています。

秋田喜代美

注　まちの保育園・こども園の具体的な園の姿について知りたい方は、以下が参考文献となります。
秋田喜代美・松本理寿輝 2016「私たちのまちの園になる—地域と共にある園をつくる」フレーベル館
秋田喜代美監修 まちの保育園小竹向原・まちのこども園代々木公園・東京大学大学院教育学研究科附属発達保育実践政策学センター 2020 DVD「こどもとつくる園とまち：コミュニテイコーデイネーターの奮闘」児童教育振興財団
松本理寿輝 2017「まちの保育園を知っていますか」小学館

CONTENTS

第1章

ドキュメンテーションとは、何ですか?

その特徴と活用を考えてみよう

1　ドキュメンテーションとは、何ですか?

　「ドキュメンテーション」とはどのようなものでしょうか。ここでは、レッジョ・エミリアの乳幼児教育におけるドキュメンテーションについてみていきたいと思います。

　レッジョ・エミリアの乳幼児教育で、ドキュメンテーションは非常に重要なものとされています。『レッジョ・エミリア市自治体の幼児学校と乳児保育所の指針』(以下、指針)、『レッジョ・エミリア市自治体立幼児学校と乳児保育実践の憲章』(以下、憲章)といった文書の中にも項目として取り上げられています(森, 2018)。例えば、憲章において、ドキュメンテーションは「子どもたちと実践した取り組みについて記録を生成し、収集する活動」とされ、それが「日々の教育プロセスに能動的に関与する手段」になると述べられています。

　これらの指針や憲章は、レッジョ・エミリアの乳幼児教育の理念や制度について、保護者や市民と理解を共有することを目指してまとめられたものです。ドキュメンテーションがこうした文書の中に一つの独立した項目として取り上げられていること自体が、その重要性を強く物語っているといえるでしょう。

　『レッジョ・エミリアの幼児教育実践記録　子どもたちの100の言葉』(レッジョ・チルドレン, 2012)という本があります。これは、レッジョ・エミリアの乳幼児教育についての展覧会である「子どもたちの100の言葉」展のカタログとしてつくられたものです。「子どもの100の言葉」は、レッジョ・エミリアの乳幼児教育の創始者であり、教育思想家・実践家のローリス・マラグッツィによる「でも、100はある」の詩の中にあらわれており、レッジョ・エミリアの乳幼児教育の原理として指針にも示されています。その中で、

100の言葉とは、子どもたちの計り知れない可能性、無数の考え方や表現の仕方の比喩であるとされています。

　ドキュメンテーションにあらわされる、創造性豊かな子どもたち100の言葉は、私たちを魅了し、驚嘆させ、子どもに対する新しい見方を突きつけます。しかしそれは、レッジョ・エミリアの乳幼児教育の「素晴らしい成果」を示すというようなものではありません。長年、レッジョ・エミリアのペダゴジスタとして乳幼児教育をリードしてきたカルラ・リナルディ氏（現レッジョ財団代表）は、「記録は、子どもたちの活動の結果や成果として事後に利用されるためのものではなく、あくまでも学ぶプロセスの一部である」ことを強調しています（リナルディ, 2019）。

　では、記録が学ぶプロセスの一部であるとはどういうことでしょうか。このことを理解するためには、レッジョ・エミリアの子ども観や教育観、すなわち、子どもをどのように捉えているか、また、学びと教えについてどのように考えているかをみておく必要があります。

2　関係性と傾聴を大切にします
レッジョ・エミリアの子ども観・教育観

　レッジョ・エミリアでは、子どもを生まれた時から強く有能で能動的な行為者として捉えています。子どもを脆弱で受け身で無力な存在とは捉えていないのです。では、どのような意味で「強く有能」なのでしょうか。

　子どもは、生まれた時から好奇心をもち、「なぜ」「いかに」と絶えず問いかけ、自分を取り巻く事物の意味、ひいては自身の生きる意味を探求しようとします。子どもは、意味を探求する能動的な行為者なのです。そして、

探求を通じて世界の意味についての説明を与える自分なりの「理論」を立てます（リナルディ, 2019）。

　例えば、『レッジョ・エミリアの幼児教育実践記録　子どもたちの100の言葉』（レッジョ・チルドレン, 2012）に掲載されている「町と雨」プロジェクトから、雨についての子どもたちの理論をみてみましょう。子どもたちの絵と言葉が示されており、絵も重要なのですが、ここでは言葉のみ紹介します。

—空には、果てしない機械があって……ひとつが空（から）になると、すぐにもうひとつが準備完了。
—神様が雨を降らせるのだと思う。神様が自分のお花に水撒きをするとき、雨粒が落ちてくるのよ。

　リナルディ（2019）は、世界の意味について満足のいく説明を与える理論とは、「楽しさを、確信をもたらし、私たちの知的・感情的・美的な欲求を満足させるものでなければなりません」と述べています。上記の雨についての子どもたちの理論は、ユーモアがあって楽しく、知的であるとともに美しさを伴うものではないでしょうか。

　もうひとつ重要な点として、レッジョ・エミリアの乳幼児教育においては、こうした理論を立てる作業を子どもが孤独に取り組むのではないということがあります。探究の衝動は子ども自身の内部から湧き上がるものですが、子どもが立てた理論が表現され、他者に耳を傾けられることによって、より豊かなものになっていくとレッジョ・エミリアでは捉えています。子どもが集団の中で自分の独自の理論を表現し、それが聴いてもらえる、そして他者の理論を聴くことができる場合に、自分と他者の異なる考えを突き合わせながら自らの理論を洗練させていくことができると考えているのです。マラグッツィは、「子どもを突き動かすのは内部の力ですが、(中略)周り

の仲間やお友達もかけがえなく大切な資源だと子どもたちが納得すると、その力は何倍にも増大します」（レッジョ・チルドレン, 2012 p.34）と述べています。

　このように、子どもたちの学びにとっての関係性と傾聴を大切する「関係性と傾聴の教育学」が、レッジョ・エミリアの乳幼児教育の特徴だとされています。

3　傾聴を「見える化」してみよう

ドキュメンテーションの役割

　では、こうした関係性と傾聴の教育学において、ドキュメンテーションはどのような役割を果たしているのでしょうか。リナルディ（2019）は、「傾聴することと傾聴されることを確かな営みとして確立することが、記録作成の第一義的な任務です」（p109）と述べています。また、「記録を作る、ということは、『傾聴を可視化する』ということであり、子どもたちの学びの過程を単に痕跡として残すだけでなく、可視化されたそれを手がかりにして、学びの可能性をさらに押し広げていくということでもあるのです」とも言っています。

　記録は、ビデオや録音、写真、ノートなどさまざまな方法で行われます。記録は主観と切り離せないものではありますが、個人の頭の中にある記憶を目に見えるものとして提示することができます。教師が聴きとった子ども個人や集団の学びの道すじを、記録によって可視化することで、教師たち

や子ども、親など多くの人が共有し、それについて話し合い、共に探究することができるようになるのです。その中で、子どもの学びが、再解釈され、練り直されて、より豊かなものになっていくと考えられています。

　また、記録の過程では、評価の眼差しが働くということが指摘されています（リナルディ, 2019）。ドキュメンテーションは評価のツールとしても機能するといっているのです。しかし、ここでの評価というのは、一定の基準で査定するという意味ではありません。「価値を見てとる眼」と表現されるように、学びの状況の中に埋もれている意味や価値を見出すということです。意味が見出されることによって、子どもたちは自分たちの価値を認識することができるようになるとともに、学びのあり方について考えたり、修正を加えたりすることも可能になるのです。

　以上のような意味で、ドキュメンテーションは単に学びの成果を残すためのものではなく、学びのプロセスの一部として未来の学びの可能性を拓くものだといえるでしょう。

4　ドキュメンテーションはどのように活用するのでしょうか？

　ドキュメンテーションによって子どもの学びを誰と共有するかという点にも、レッジョの哲学があらわれています。『憲章』に示されているドキュメンテーションの活用法からみてみましょう（森, 2018）。

　まず、教師たちです。ドキュメンテーションは、教職員のミーティングの素材となり、教育的活動のプランを立てたり、デザインしたりするために

活用されます。レッジョ・エミリアの教師たちは、教師が教えようとすることを教えるのではなく、ドキュメンテーションから子どもが何を学ぼうとしているのかを同僚とともに探究し、それを土台に教育を考えていきます。

　次に、子どもたちです。ドキュメンテーションによって、子ども自身も学びの経験を教師と対話しながら振り返ることができます。子どもは、それを頭に置きながら学びを進めていくようになります。

　さらに家庭です。レッジョ・エミリアの乳幼児教育では、家庭との対等な立場での相互協力を大切にしています。ドキュメンテーションは、日々のコミュニケーションや保護者会等でのやりとりを通じた、教育への親の参加のためのツールともなります。

　以上のように、レッジョ・エミリアでは、ドキュメンテーションによって、教師同士、さらには子ども自身や家庭が子どもの学びを共有します。そして、多くの人が異なる見方を持ち寄って、議論することによって、学びと教えのプロセスが練り直され、深化していくと考えられています。それとともに大事なこととして、教育を担任教師が独占するのではなく、ドキュメンテーションを契機として関係者みんなが教育に参加し、共同で構築する当事者になるということがあります。子どもの学びについて子ども自身も含めて聴き合い、語り合う場を提供するドキュメンテーションは、指針にも述べられているように、参加型民主主義を実践し、育てる「公共の場（'public space'）」としても捉えられているのです。

＜参考文献＞
カルラ・リナルディ、里見実訳『レッジョ・エミリアと対話しながら　知の紡ぎ手たちの町と学校』ミネルヴァ書房、2019年
森眞理「ドキュメンテーション－レッジョ・エミリアとの対話」『発達』第156号、20-26頁、2018年
レッジョ・チルドレン　ワタリウム美術館編『レッジョ・エミリアの幼児教育実践記録　子どもたちの100の言葉』日東書院、2012年

第2章

保育とコミュニティが充実する？

ドキュメンテーションの役割

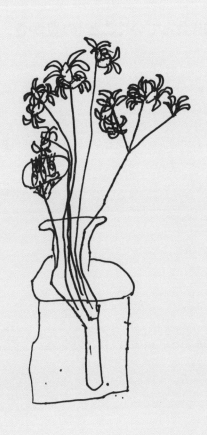

1 「子どもと世界に出会っていくこと」の豊かさ、おもしろさ

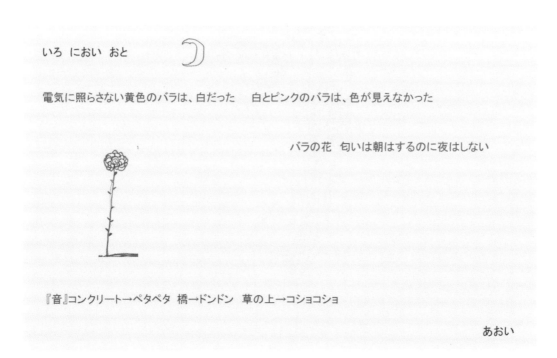

いろ　におい　おと

電気に照らさない黄色のバラは、白だった　白とピンクのバラは、色が見えなかった

バラの花　匂いは朝はするのに夜はしない

『音』コンクリート→ペタペタ　橋→ドンドン　草の上→コショコショ

あおい

はっぱのかげはかおにみえた　だから、かおでつたえたい

ひるのかげはしかく□　　　　　　　よるのかげはさんかく▲
　　　　　　　　　　　　　　　　　おこっているみたいだった

キーラン

ゴロゴロというおとのしょうたいはゴキブリです
ズーというおとのしょうたいはハサミムシです
ゴロゴロというおとはこれまできいたことがありません

ちふく

はねる虫　あさのはねる虫と、よるのはねる虫のスピードはちがうのか

スピードはおなじのもいたし、加速しているものもいた
バッタとハサミムシではバッタの方が加速していた
朝は、走っている人がいて気をつけなければならないからスピードは出せない。
夜は、走ったりしている人がいないからいっぱいスピードが出せる

ともき

これはかぜです

ひかるかぜはさむいかぜ

ぴらぴらのかぜはとってもさむいかぜ

　つきにひかっている
　　とってもさむいかぜ

ふき

かぜがふきたいと

おもうときと

おもわないときがある

なの

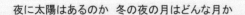
夜に太陽はあるのか　冬の夜の月はどんな月か

つきはきれい　つきはキラキラしていてふしぎだった

たまき

つきにはひびがあった 　　　　　つきはひかってた
すこししろかった 　　　　　　　まるっこかった
そして、ながほそかった 　　　　そして、はやくみえた

みか

つきのいろは薄い金色、黄色っぽい　　でも、本当はどうなんだろう

中央広場で見た月は思っていたいろと全然ちがった

あかり

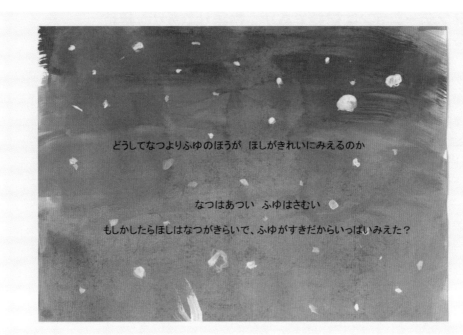

どうしてなつよりふゆのほうが　ほしがきれいにみえるのか

なつはあつい　ふゆはさむい

もしかしたらほしはなつがきらいで、ふゆがすきだからいっぱいみえた?

じゅな

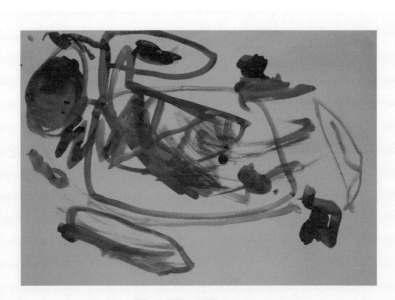

ほし　ほし　ほし

ニコラス

ドキュメンテーションは記録であり、物語りであり、招待状である

　私たちの園の一つは、東京都渋谷区の代々木公園の中にあります。明治神宮の森と一続きの美しい自然があり、公園を一歩出れば、原宿・表参道の「まち」がある、文化的にも恵まれた場所です。この豊かな自然・文化の中で、子どもたちと日々暮らしています。

　冒頭のドキュメンテーションは、年長クラスの年間テーマとして「『代々木公園』とのかかわり」を設定し、その記録を綴ったものの一片です。この年間テーマに基づいた活動は冊子としてまとめられ、子ども・家庭・園の職員・地域を含む「園のコミュニティ」に共有されます。

　私たちは保育の中で、子どもたちの想像力や創造力、探究心、好奇心、センス・オブ・ワンダーから広がる世界、人やものとのかかわりや観察・表現・思考から深められる学びの姿に、魅了され、驚かされます。ドキュメンテーションは、こういった子どもたちの姿から、保育者が自分なりに読み取ったことを、他の人にも伝わりやすいように、写真などを用いながらまとめる記録です。

　それは子どもの学び・育ちを支えるための記録ですが、長い間記録を取っていくと、子どもと同時に園全体の過去・現在・未来を照らす媒体にもなることに気づきます。まるで、子どもたちからコミュニティのもっている可能性が引き出されるようです。

　ドキュメンテーションは、保育記録です。しかし、そればかりではありません。ドキュメンテーションは同時に、「園の文化をつくる物語り」の一編であり、開かれた対話とあらゆる善意の参加を呼び込むための「招待状」にもなります。

　このドキュメンテーションを見て、皆さんも誰かと話してみたくなりませんか。子どもの姿を「見える化」することには、思いもよらぬたくさんの「実り」があるのです。

保育がおもしろくなる

　ドキュメンテーションの「実り」で最も大きなことは、保育の充実でしょう。ドキュメンテーションがあることで、自分の捉えた子どもの姿や考えに対して、同僚や家庭からフィードバックをもらいやすくなります。

　「夜と昼の草の感触の違いを感じていること自体が素晴らしい。その違いを紙で表現したことには驚いた！」「確かに、月の色は東京ではこんなふうに見えるかもね。よく観察しているね。次は冬の夜空に見たら、子どもたちはどう見るのかな」「『影』をかおで表現するなんて、すごいことだね」

　他者からの反応があると、書いた本人が、子どもをより深く理解するための「新しい視点」をもつことができたり、ときには保育を組み立てるアイデアや協力が得られたりします。みんなで子どもを語り合っていくことが自分たちの保育をおもしろく、充実したものにすると実感しています。

コミュニティの充実につながる

　ドキュメンテーションがあることで、もう一つ感じることがあります。それは、コミュニケーションの中心に同僚や家庭と「子どもを語り合うこと」があると、関わる人たちの結束・連携が強くなることです。

　例えば、冒頭で紹介したドキュメンテーションを見て、家庭と保育者が話し合い、子どもたちと一緒に「夜の公園に集まろう」という話になりました。これは、家庭の協力なしには実現できません。ドキュメンテーションにより子どもたちの思考や表現、学びのプロセス（過程）が共有されることで、家庭も子どもの世界に巻き込まれていくのです。

　それは、子どもの姿が「見える化」されたことで、より多くの人が子どもの活動に参加しやすくなるからです。この参加が、自然な対話を生み、人々の関係性を育んでいきます。

　子どもを真ん中に、大人たちも出会い、子どもも大人も関係性を深めていく。それにより、園の文化が育まれ、コミュニティが充実・発展していく。これもドキュメンテーションの意義だといえるでしょう。

　そして何より、ドキュメンテーションがコミュニティにもたらしてくれるのは「子どもと一緒に世界に出会っていくこと」の豊かさです。子どもと一緒に世界と出会い、私たちもこの世界を知り直していくこと。これが私たちの日々を彩る大きな喜びとなり、コミュニティを一つにしていきます。

あさのおとは

シャリシャリっておとがしました

よるのくさのおとは

どうしてひるのくさのおととちがうのかな

えりか

夜は蛾がたくさんいて、朝はいない　なんでだろう

よるのコラえＷのでんちゅう
にががあつまるの●がしり
たいです。はんともあっ
おらないとおもいます。あと
ぶいろはので、みちゅうは
あたっつかがなしかラびかりが

よちいとがしはあつまけ
なしいとおもいます。

じょう

63

「子ども理解」でつながる２つの充実

　第2章から第4章を通して、ドキュメンテーションがどのように「保育の充実」と「コミュニティの充実」に結びついていくかを考えていきます。最初に確認したいのは、「保育の充実」と「コミュニティの充実」が相互に影響していることです。2つをつなぎ合わせているのは目の前の子どもの姿をどのように捉え、何を読み取るかの、「子ども理解」です。

　子どもたちのエピソードから「子ども理解」を深め、「子ども理解」を真ん中に、「保育」と「コミュニティ」がともに豊かになることに、ドキュメンテーションは大きな役割を果たしているのです。

　これからあるモデルを示して、皆さんと理解を深めていきます。まず本章の後半では、モデルの概要を示します。このモデルに基づき、第3章で「保育の充実」、つまりドキュメンテーションを「どのようにつくるか」「どのように保育に活かすか」について考えます。第4章では、ドキュメンテーションを通して子どもを語り合うことが、園づくりに前向きな影響を与えることを確認しながら、「コミュニティの充実」について考えます。

　第2章から第4章を通して、皆さんとドキュメンテーションの可能性について確かめたいと思います。

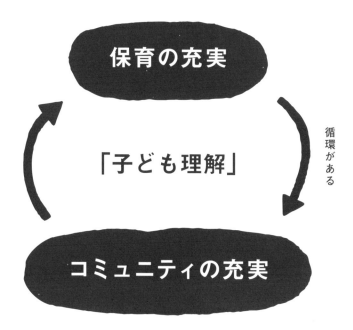

2 保育を作り、園を作る。ドキュメンテーションの循環

保育と園づくりが「循環」する

　ドキュメンテーションが保育とコミュニティを充実させる、保育づくりと園づくりにドキュメンテーションが活きることをお話ししました。この2つはつながっていて、「子ども理解」が真ん中にあることに触れました。

　このことを私たちは、ある「循環」から説明できるのではないかと考えています。それは、一人の保育者が観る子どもの姿から始まり、保育や園を育みながら、常に子どもの学び・育ちに還る「循環」です。この循環を「保育の充実」「コミュニティの充実」の視点から、詳しくみていきます。

「保育の充実」の循環

　まずは「保育の充実」の循環です。日常の保育の場面を想像してみてください。
①保育者が保育の中で捉えた子どもの姿を、ドキュメンテーションを用いて園全体にシェアします。
②子どもたちの姿が見えるようになることで、その場にいなかった同僚や家庭と一緒に、子どもを語り合うことが可能になります。
③この対話は、保育者の「子ども理解」を一人で向き合うよりも深いものにするでしょう。それが保育の展開の新しいアイデアや考えを深めることにつながります。
④皆と深めた「子ども理解」は、次の保育の場面で保育者がより豊かに子どもの姿を読み取ることを支えます。
⑤⑥その読み取りが、ドキュメンテーションで「見える化」され、再度同僚や家庭にシェアされます。
⑦さらに「子ども理解」が園全体として深められます。
⑧保育者を支え、園の皆で保育を育むことにつながります。

　このように、ドキュメンテーションがあることで「保育の充実」につながる「循環」が生まれることが期待できるのです。

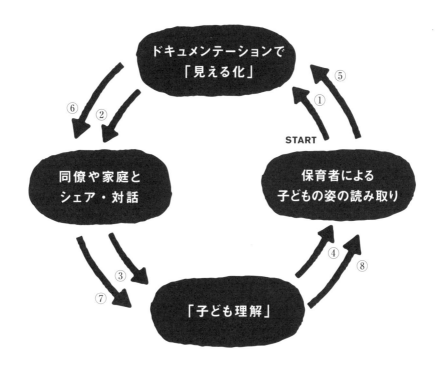

「コミュニティの充実」の循環

　次に、「コミュニティの充実」の「循環」を考えます。

　ドキュメンテーションによって子どもの姿が「見える化」されることで、多くの人が自分のアイデアや考え、想いを交換できるようになります。そのようにして「子どもを語り合う」ことは、人々の関係性を育んでいきます。対話から人々の関係性を育むことにより、「保育の充実」と同時に、「保育実践の視点・アイデア」「保育者の成長・チーム力」「家庭との関係性」「地域連携」「子どもの参加」など、広範囲に前向きな影響を生むと感じています（詳しくは後述）。

　この関係性は、保育や園運営において根幹となる価値観までも育んでいきそうです。根幹となる価値観とは「子どもとはどのような存在で、子どもにどのように育ってほしいと願うか（『子ども観』『保育観』）」や「子どものために、私たちはどうありたいか」といったことです。この価値観の共有は、さらに園の人々の関係性を強化し、子どもの姿が共有されたときの「子ども理解」を深めることにつながります。

　ここにも「循環」が描かれると思いますが、その流れを見てみましょう。
①「子ども理解」のために「子どもを語り合う」文化が、園にかかわる人々の関係性を支える。それは、「保育実践の視点・アイデア」「保育者の成長・チーム力」「家庭との関係性」「地域連携」「子どもの参加」に前向きな影響を与えます。
②よい関係性をもとにした「語り」は、園の根幹となる価値観（「子ども理解」「保育観」「私たちはどうありたいか」）を育み、コミュニティを1つにしていきます。
③その価値観が「保育実践の視点・アイデア」「保育者の成長・チーム力」「家庭との関係性」「地域連携」「子どもの参加」を根底から支えます。
④③の各領域が充実・発展することによって、「子ども理解」をより豊かなものとする状況が育まれます。

　ドキュメンテーションは、園の人々のコミュニケーションを支え関係性を育むことから、コミュニティの充実につながる「循環」を生む役割を果たしているといえるでしょう。このコミュニケーションの真ん中には、常に子どもがいることは言うまでもありません。

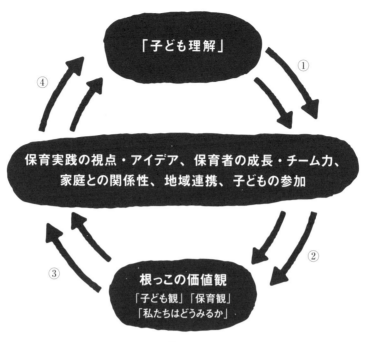

「子ども理解」

① →

保育実践の視点・アイデア、保育者の成長・チーム力、
家庭との関係性、地域連携、子どもの参加

② →

根っこの価値観
「子ども観」「保育観」
「私たちはどうみるか」

③　④

関係性の充実＝「コミュニティの充実」

「子ども理解」でつながる２つの輪

　「保育の充実」「コミュニティの充実」の２つの輪は「子ども理解」でつながります。横の図をみていただくと、ちょうど、「８の字」のかたちとして描くことができます。私たちはこれを「ドキュメンテーションの８の字」と名づけてみました。

　この「８の字」は、「子どもを語り合う」ことから子ども、家庭、保育者、地域などを含むコミュニティ皆が参加して、子どもの育ち・学びのためにあり、子どもたちと保育・園づくりをするイメージを「見える化」したものです。本章の締めくくりとして、この「８の字」の流れをつかんでいきましょう。

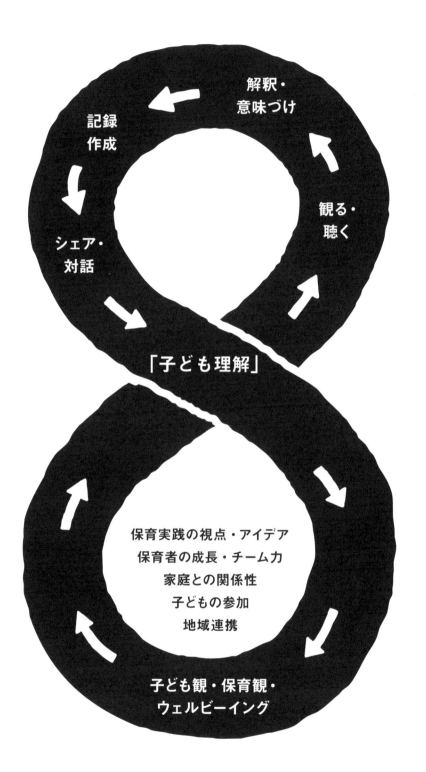

解釈・
意味づけ

記録
作成

観る・
聴く

シェア・
対話

「子ども理解」

保育実践の視点・アイデア
保育者の成長・チーム力
家庭との関係性
子どもの参加
地域連携

子ども観・保育観・
ウェルビーイング

3　ドキュメンテーションの「8の字」

対話が保育を作り、園を作る

　「8の字」の上の輪が「保育の充実」、下の輪が「コミュニティの充実」を
表現しています。上の輪では「ドキュメンテーションの作り方」「ドキュメン
テーションの活かし方」が描かれ、下の輪では「それが何につながるのか
（ドキュメンテーションがもたらす価値）」を説明しています。「下の輪」があ
ることで「上の輪」が充実し、「上の輪」が活性化することで「下の輪」の要
素を深めるという流れです。

「保育の充実」につながる「子ども理解」

　次に、8の字の流れを具体的に見ていきましょう。
　保育者が、日々の保育場面で子どもを観察したり、子どもから聴いたり
しながら（「観る・聴く」）、 子どもの学び・育ちの「意味」を自分なりに捉
えます（「解釈・意味づけ」）。「意味」というと難しく聞こえるかもしれませ
んが、保育者として「すばらしい」「驚いた」「不思議に思った」など、心が
動いた子どもの姿を丁寧に理解しようとすることを指します。
　写真や映像などを用い、言葉を補いながら子どもの姿を「見える化」す
る記録をつくります。これが「ドキュメンテーション」です。
　子どもの姿が「見える化」され、「シェア」されることで、他者が参加す
ることが可能になり、同僚や家庭等と「対話」を行うことができるようにな
ります。子どもたちが参加することもあります。
　同僚や家庭と、対話を通して「子ども理解」を深めることにつながります。
　チーム・コミュニティで深められた「子ども理解」が、次の保育の展開や
環境づくりを支え、より深い「観る・聴く」につながります。

保育における「子ども理解」の重要性

　保育における「子ども理解」は、日本の保育で長年大事にされてきたことです。私たちは、子どもの伸びやかで豊かな育ち・学びのために、保育上のねらいや計画をもちながら、目の前の子どもの姿から、保育を展開していくことを大切にしています。このとき、子どもの姿をどのように捉えるかという「子ども理解」は、保育を組み立てる根幹となります。

　また、日本の保育・教育の大きなテーマになっている「主体的・対話的で深い学び」では、「子どもの育ち・学びがどの方向に、どのように伸びているか（伸びていきそうか）」という学び手の理解は大切な視点です。

　この「子ども理解」で意識したいポイントは、保育者が一人で「理解」するよりも、同僚や家庭などとの対話を通して、多面的に子どもの姿を捉えていくほうが、理解が深くなりやすいということではないでしょうか。

　ここでドキュメンテーションが役割を発揮します。ドキュメンテーションがあることで、その場に居合わせなかった人も子どもの姿が見えるようになり、子どもの姿を語り合い、「子ども理解」をともに深めることが可能になるのです。多くの人の参加を呼び対話的に「子ども理解」を深めていくことが、ドキュメンテーションの本質ともいえます。

　ドキュメンテーションは、クラスを担当する保育者のみがつくるものではありません。園の給食スタッフや看護師、事務職員など、あらゆる職種が自分の役割や立ち位置から見た子どもの姿をドキュメンテーションにして届けることもあります。多くの参加者と多面的に「子ども理解」を深めていくことはこれらも含んでいるのです。さらに、ドキュメンテーションが身近なものになると、家庭や地域からドキュメンテーションが届けられることもあります。

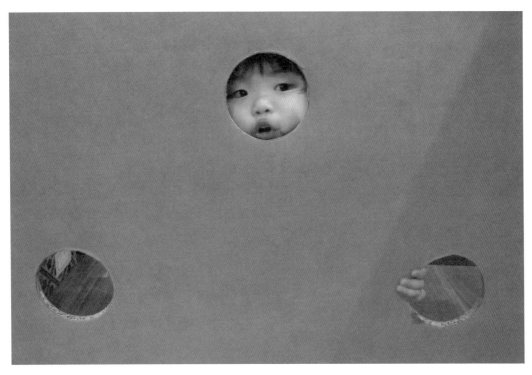

「コミュニティの充実」につながる「子ども理解」

　下の輪にある「子ども理解」のための「参加」と「対話」は、園にかかわる人々の関係性を豊かにし、さまざまな領域に前向きな影響を与えます。具体的には以下の5つの視点が考えられます。

①日々の保育実践を深める視点・アイデア（保育実践の視点・アイデア）
②保育者の資質向上、チームづくりの視点（保育者の成長・チーム力）
③家庭とのパートナーシップ、家庭理解の視点（家庭との関係性）
④まち（地域・社会）との連携・共創の視点（地域連携）
⑤子どもたち自身の育ち・学びの視点（子どもの参加）

　これらは園づくりにおいて大事な視点ばかりで、この関係性は「子ども観・保育観・どうありたいか」をも育みます（詳細は第4章）。

「子ども」を伝えているからこその価値

　ドキュメンテーションが、保育の充実につながる価値のある保育記録であると同時に、園やコミュニティを育む可能性を秘めていることを確認しました。これは、ドキュメンテーションが「子ども」を伝えているからこその価値だといえます。私たちは子どもを真ん中につながりあい、関心事は子ども、そして子どもたちとの関係の中にあります。また、子どもたちとの生活は、私たちの好奇心や探究心を刺激し、自分自身やさまざまな事象と「出会い直す」きっかけを与えてくれます。何よりも、喜びに満ちています。
　子どもたちは周りの大人たちが大事にしていることに敏感です。子どもにとっても、ドキュメンテーションは好奇心や喜びとともにあるものとなるでしょう。
　だからこそ、「子どもを語り合う、子どもと語り合う」ことには、コミュニティを引きつけて1つにする力があるのではないでしょうか。

第 3 章

ドキュメンテーションを作り、
活用するためには？

1 ドキュメンテーションの作り方

　本章では、「ドキュメンテーションの8の字」に沿って、「ドキュメンテーションをどのように作成するか」（「観る・聴く」「解釈・意味づけ」「記録作成」）、「ドキュメンテーションをどのように活かしていくか」（「シェア・対話」「子ども理解」）を考えます。

子どもの姿を捉えるために、目と耳をすます（「観る・聴く」）

「観る・聴く」とはどういうことか

　私たちは、子どもたちのより良い育ち・学びを支える保育の展開や環境づくりのため、日々子どもたちの「姿」を捉えるよう努めています。そのために、子どもを観察し、子どもから聴き、その姿の理解を進めます。この「観る・聴く」行為こそが、子ども理解の第一歩といえます。

　「観察」といっても、そばでじっと見るよりも、子どもと心を通わせながら見えてくる子どもの姿を大切にできればと思います。一方的に観るよりも、関わりからつかめることが多いと感じるのです。

　また、ドキュメンテーション発祥の地、イタリアのレッジョ・エミリア市では、観ることと同時に「聴く」ことが重視されます。これは、子どもの声を「聴く」ことにとどまらず、「どうしてそう考えたのか」「○○さんはそれに対してどう思ったのか」などという考えやアイデアを聴いたり、グループ内で聴きあう働きかけも含みます。レッジョ・エミリアでは、相互的な関わりの中で、学び・育ちが引き出されることを強く意識するため、子どもの姿の理解においても「関係性」が重視されるのです。

　レッジョ・エミリアの先生は、「園に行く前によく耳を掃除しましょう」と言い合っているそうです＊。「観る・聴く」ことは保育者の行為と捉えられるかもしれませんが、もっと言えば、子どもと保育者の「共同的な行為」といえるのでしょう。

＊レッジョ・エミリアではこの「聴く」行為に聴覚のみならず「すべての感覚」を研ぎ澄ますという深い意味をもたせており「傾聴の教育学」とする教育思想があるほど、「聴く」行為に深みをもたせています。

「観る・聴く」ときのポイント

次に、「観る・聴く」を進める上でのポイントを挙げます。

①共感から観る・聴く

　子どもの言葉や表現・感情表現、かかわり、目に見えない心の動きに対して、目と耳を澄ませましょう。「観る・聴く」は子どもとの「共同的な行為」とお伝えしましたが、共同とは目と耳を澄ますことから始まります。目と耳を澄ますとは、よく観る・よく聴くということですが、これらを助けるのは「共感」することと思います。

　「共感」とは、保育者が子どもの姿をそのまま受け容れることであり、子どもと保育者が惹かれ合うことで、お互いの間に共有の感覚・感情が芽生えることです。

②応答的なかかわりから観る・聴く

　私たちは、日頃から子どものかかわりの中から子どもの姿が引き出されることを経験しています。例えば、乳児が何かに没頭して自分なりに満足すると、ふと愛着関係のある保育者のほうを振り向きます。そのときに保育者が目を合わせ、応答的にかかわることは、乳児の集中を助けることになります。

　また、子どもの活動に対して保育者が興味深い眼差しを送ったり、相槌を打ったり、おもしろがったり不思議がって質問し、時には活動が続きやすいように支えることから、子どもの姿が引き出されます。

③子どもの時間から観る・聴く

　子どもの中に流れる時間は、私たちの時間の感覚と必ずしも同じではありません。子どもの中に流れる、ゆったりと濃密でエネルギーに満ち溢れる時間。その中にいるときに、子ども本来の姿が発揮されます。

　そのため、「観る・聴く」ときには、子ども特有の時間があることを意識したいものです。大人は大人の時間の中で生きているため、ときには気力を使うことがありますが、感動や喜びが返ってくると信じながら、子どもの時間の流れを大切にできればと思います。

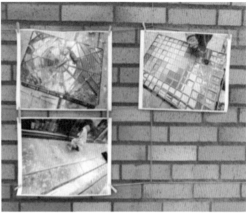

「宇宙だ！」

ガラスについた絵の具を子どもたちが
拭いている途中に、こんなひとこと。
絵の具は「描く」ことが「目的」ではありません。
描いたあとでも新たな発見があり、
そこに意味を見出すことが
絵の具と出会う理由なのです。　2019.6.26

④子どものイメージから観る・聴く

　脳科学の研究によると、私たちの脳は、自分の目に「みえている」ことから、自分で意味があると感じる情報をよく「みる」ようになっているようです。意味を置いていればいるほど、多くの情報を集めて意味づけをより濃くするといいます。この研究によれば、例えば私たちが子どもを「創造的」な存在とイメージしていれば、創造的な子どもの姿をたくさん拾うようになり、「子どもの創造性」の理解を豊かにします。

　子どもはどのような存在でしょうか。「可能性豊か」「有能な学び手」とはどのようなことでしょうか。この「子どものイメージ」は、私たちの「観る・聴く」行為に特徴や方向性をもたせることになります。

　少し難しそうですが、自分一人ではなく、園にいるみんなでイメージを豊かにしてゆくことを楽しめるとよいと思います。そこでドキュメンテーションが役に立ちますが、詳しくは第4章の「子ども観（子どものイメージ）」（136ページ）で触れます。

　一人ひとりにできることは、目の前の子どもとかかわりながら、「素敵だな、素晴らしいな」と心が動いた子どもの姿を大切にすることです。「子どものイメージ」は、子どもとのエピソードから育まれます。目の前の子どもから学びましょう。

「みえて・きこえて」くる関係性が「観る・聴く」こと

　共同的な行為としての「観る・聴く」を見てきました。それは、子どもを対象として「観る・聴く」のではなく、子どもに共感し、子どもとかかわり、子どもの時間の中にともにあって、じっくりと心を通わせる中から「みえ、きこえ」てくるものだといえます。

遊びは学び

〜ギターと出会う〜

2019.5

まちの間でギターを目にしました

じっと見て、それから手を伸ばします

ギターに手を伸ばしていると
弦に触れ音が出ます

その様子を見ていた子や
ギターの音に気が付いた子が
またギターのところにやって来ます

何度もギターに触れていくうちに
ギターのどこを触ると音が出るのかを
発見していきます

指に力を入れて弦に触れたり
弦の触れ方を変えてみたり
触り方に工夫をしたり
ギターとの関わりかたにも変化が
出てきます

どう学んでいくのか
学びの姿は様々です

「解釈・意味づけ」

8

子ども理解の核になる「解釈・意味づけ」

子どもたちの姿を「観る・聴く」ときに、私たちは同時に、その姿を解釈し、子どもの学び・育ちにおいてどのような「意味」をもつのかを探ります。この「解釈・意味づけ」が、「子ども理解」の核になります。

育ち・学びを構築するもの

この「解釈・意味づけ」は、ある種の学び・育ちの「評価」といえます。もちろん、あらかじめ定められた目標や指標から子どもの学び・育ちを査定するなど、一般的な意味での「評価」ではありません。あくまでも目の前の子どもたちと育ち・学びを構築していくための「意味づけ（意味生成）」として考えています。

「太陽を黄色い丸に変えてしまう絵描きもいれば、黄色い丸を太陽に変えられる絵描きもいる」というピカソの言葉があります。私たちは、子どもたちが「黄色い丸」をあらゆるものに変えられることを目の当たりにします。私たちがこれらに価値や意味を感じることが、一つの「意味づけ」といえるでしょう。

私たちがそのようなまなざしで見ていることを子どもたちが感じると、「黄色い丸」はもっと豊かに新しい世界をつくり、「意味」はより深いものとなるでしょう。この点で「意味づけ」は子どもたちと共同で行われているといえます。意味が子どもとのかかわりから生成されていくイメージです。

まずは気楽な気持ちで「素敵だな」「素晴らしいな」「不思議だな」と思った子どもの姿から考えましょう。保育者として心が動いたことが「意味づけ」の出発点です。自分が直感的に感じとったことを、丁寧に言葉にしてみることから始めます。

「たくさんの主観」で向き合う

私たちが子どもたちと展開する保育は、保育者として感知した子どもの姿から方向づけられます。この「解釈・意味づけ」は、子どもたちが何をどのように考え、学んでいるのかを省察し、保育環境や配慮、質問等をつくる基盤となります。

子どもの姿の読み取りはとても重要ですが、「他人を理解すること」と同じことと言え、簡単なことではありません。このとき、先述のレッジョ・エミリアから学ぶことがあります。それは、「たくさんの主観」を集めることです。

「たくさんの主観」とは

　私たちが大切にする保育上の“評価”は、「結果」ではなく、学び・育ちの「プロセス（過程）」を理解することにあります。学び・育ちそのものを捉えるため、保育者は子どもの表現、積み重ねの状況、かかわり、内面の動きなどを読み取りますが、それらはチェックリストで確認できる「客観的指標」を脇に置きながら評価、把握、理解できるものではありません。つまり、「主観」評価になります。

　評価を個人の主観だけで進めることには誰もが躊躇するでしょう。そこでレッジョ・エミリアでは、「たくさんの主観」を集めることが大切にされているのです。保育者が捉えた姿を同僚と共有し、対話し、多面的に理解することで、より深い理解につなげることが、園全体として意識されているのです。子どもの姿から読み取れる意味は、「一緒に知っていくこと」と表現されます。

「問い」を投げかける

　「たくさんの主観」で子どもと向き合うために、一保育者としての投げかけは「私はこう思う。ここに心が動いた。けど、どう思いますか」といった「問い」でいいでしょう。答えを探す（正解や真実を断定する）よりも、開かれた「問い」が投げかけられることが大切です。また、「わからない」という発信も大切です。ここに心が動いた、何かありそうだけど、よくつかめない状態でも、人に話すことです。そこに大事な「意味」が隠れているはずです。

　レッジョ・エミリアでは、「自分の知ではなく、自分の知の限界を他者に伝えようとするとき、生かされる記録が生まれる」（リナルディ, 2019）といわれます。わからないけど、子どもとの日々の関係性の中で感じたことにはとても価値があります。

「主観」の集まりだから、みんな平等

　みんなの考えやアイデアを交換し「みんなで知っていくこと」、つくっていくこと。その点で、「意味づけ」はとても「民主的な営み」といえます。発言する保育者の立場や経験は関係ありません。気にせずにどんどん発信しましょう。

　「たくさんの主観」は多様性に満ちていたほうがいいでしょう。子どもと大人、みんなの意見・考え・アイデアが尊重され、自分がこの壮大な理解の旅に参加している実感をもつと、チーム・コミュニティの雰囲気も自然とよくなります。

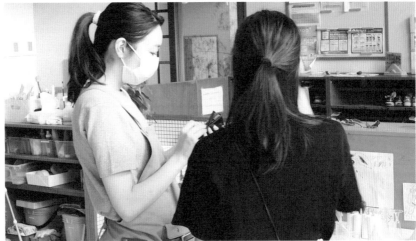

ドキュメンテーションの作成

レッジョ・エミリアのドキュメンテーション

　これからドキュメンテーションをつくっていきますが、その工程はとても
シンプルです。①「観る・聴く」した子どもの姿と、②そこから読み取った
「意味」を記載するだけです。

　レッジョ・エミリアのドキュメンテーションは、小グループの子どもたち
のプロジェクト活動（プロジェッタツィオーネ）をカメラ、ビデオ、レコーダー、
絵、メモなどを用いて記録し、その記録を編集して紙面やパネル、映像
記録でまとめます。この「学び・育ちの可視化」のアプローチは、今では
世界中に広まり、いろいろなタイプのドキュメンテーションが生まれていま
す。探究テーマに基づいて教育的な視点でまとめられたものは「教育的ド
キュメンテーション」と呼ばれることもあります。ドキュメンテーションと一
言で言ってもさまざまです。

　ここではレッジョ・エミリアの「ドキュメンテーション」の作り方・活かし
方を参考にしながら、日本の保育や園づくりに活かすヒントを探ります。

あらゆる形態があっていい

　ドキュメンテーションには、決まった形態があるわけではありません。
園や学校の考えであらゆる形態があっていいでしょう。

　まちの保育園・こども園では、共有・対話がしやすく、限られた時間で
も制作できることなどから、多くの場合、A4用紙1枚に子どもたちの写真
と文章で構成されているシンプルな形態を採用しています。また、映像を
流したり、作品を展示・掲示して子どもの言葉や保育者が感じとった意味
などを添えたり、1年間の取り組みを探究テーマごとに冊子等でまとめて
もいます。

レッジョ・エミリアで掲示されているドキュメンテーション（プロジェッタツィオーネ）

ドキュメンテーション作成の手順
　まちの保育園・こども園で作られるドキュメンテーションの作成手順はシンプルです。

⓪　自分なりに振り返る
①　「観る・聴く」した姿と、
②　その姿から読み取った「意味」を記述する
③　日付を書く

　それだけです。それだけなのですが、そこにはいくつか工夫があります。それをみていくことにしましょう。

自分なりに振り返る
　「観る・聴く」した姿と読み取った「意味」を、自分なりに振り返ります。そのときに助けになるのが、「真実」の記録です。そのためにも、子どもの言葉や会話、表現・製作過程、活動の軌跡を、メモや写真・映像・ボイスレコーダーなどで記録しておくといいでしょう。
　レッジョ・エミリアでアートディレクターを務めるロランド・バルディニは、子どもの姿を捉えるとき、集められたさまざまな事実のかけらから理解を進めていくさまを「考古学者が真実を理解しようとするプロセスのようだ」と話しましたが、さまざまな記録データは保育者の理解を支えてくれます。
　私たちが特に注目しているのは映像です。現場では重視していなかった場面も、映像で残されていることでより良い理解につながることがあるためです。過去のドキュメンテーションから、子どもがどのような活動をしてきたかを振り返り、前年度の担任にヒアリングすることもあります。
　このように、まずは客観的なデータや同僚との会話から、自分なりの考察・洞察を深めていけるとよいでしょう。

環境構成	・次の行動を理解し、動けるように伝えながらスペースを作っておく ・子どもたちが自分で取り組み、様々な経験ができるように使うものやスペース、時間を考え、設定する 〈人的環境〉 ・少人数で密の会合もち、自分の話したいことを相手に伝え、相手に耳を傾けられるようにする ・活動の中で保育者も一緒に取り組み、子どもたちに方法や楽しさを伝えていく ・子どもたちが自分の思いを発信していけるように導き、傾聴した時には、きちんと受け止め、環境わったことを聞いていることを伝えていく ・きちんと一対一で向き合い、子どもたちの不安を解決できるように指伝的り思いを受け合いながら行動・対応していく ・気持ちが急い、繊細さ感受性のことも複雑的に理解できるように接する
〈実際の子どもの活動〉 ・大小プロジェクト ・コミュニティ活動 ・アトリエ活動 ・戸外活動	
子どもの様子	

みんなが参加しやすい記録となるように書き始めてみる

　自分なりに整理できたところで、いよいよ書き始めます。最初に意識したいのは、見る人が「参加」しやすくなる工夫です。「たくさんの主観」を集めて子どもを理解することや、学びの「意味」を豊かにしていくことがドキュメンテーションの目的なので、その場に居合わせなかった人のアイデアや考えを交換しやすくするために工夫できることはないかを考えながら作りましょう。

　みんなが参加しやすい記録、つまり「開かれた記録」にすることが、ドキュメンテーションのキーワードといえます。

「事実」をそのまま記述する

　その工夫の一つが、自分が目にした子どもの姿の事実をそのまま記述することです。そうすることで「たくさんの主観」が集まります。最初から自分の「解釈・意味づけ」を記述すると、見た人は実際に何が起こったのかが把握しにくいためです。

　事実を伝えるためにも、伝わる情報量の多い写真は役に立ちます。写真だけで伝わる場合もあるほどです。写真選びはポイントの1つといえるでしょう。

伝えたい「事実」を意識してみる

　例えば、1歳児がペンのキャップをはずしたりつけたりしています。経験的には、子どもの指先の発達に合わせて「意味」を見出すことができそうですが、保育者として写真を撮るとき、どのように撮りますか？

　子どもの全身を「引き」で撮るのも方法ですが、「意味」をより深く考えるためには、手元にフォーカスした写真のほうがいいかもしれません。このように、事実を伝える写真の撮り方にも工夫があります。あるいは、子どもたちが協力して木登りをしていることを伝えたいとき、その姿を伝えようと子どもたちにフォーカスしすぎると、木の高さや樹形がつかみにくくなるかもしれません。その場合、木の全容がわかるように、多少引きで撮ったほうがいいかもしれません。自分がどの事実を伝えたいのかを考えて写真の撮り方を工夫しましょう。

　これにはある程度経験が必要です。最初は、自分の心が動いた場面を収めます。あとで振り返ったときに、自分が伝えたいことが伝わりやすそうな写真を選ぶので問題ありません。写真を撮ることに夢中になりすぎて、保育者ではなく写真家になってしまうことには気をつけましょう。

文章による「事実」描写

　次に、写真に文章を添えます。文章で客観的な事実と「解釈・意味づけ」を載せるとき、事実の記述では「5W1H」を意識します。

・WHO　　　誰が、誰と
・WHEN　　いつ（夕方、朝、ランチどき、午前の保育中等）
・WHERE　　どこで（園庭の砂場、保育室の制作コーナー、
　　　　　　　廊下、散歩の途中等）
・WHAT　　何を
・WHY　　　なぜ
・HOW　　　どのようにしたか

　一つの工夫なので、自分なりに伝えたい事実が書ければ、5W1Hすべてが入っていなくても大丈夫です。園の関係者にわかる項目は、わざわざ書かないこともあります。「なぜ」には事実ではなく「解釈」が含まれる部分が多くあるので、自分の主観か事実か慎重に考えます。「雨が降ってきたので」「絵具の黄色がなくなったので」など、事実として書けることがあれば書きましょう。

2020/08/14

影であそぶ
かげ

①模造紙に影を映して遊び始める

②子どもの姿からミニ障子を製作

③影であそぶ輪が広がる

暑い日差しが照りつける、夏の日。

「影」との出会いから、影と遊ぶようになった、3・4・5歳の子どもたち。手のひらや小物の影を見て楽しむことから発展し、模造紙を用いてダイナミックに影遊びをする姿が見られるようになりました。

そんな子どもたちの姿から、木枠を用いた「ミニ障子」を作ってみることにしました。

夕方の活動の時間、西日が差す園庭の下駄箱あたりに設置してみると、一人また一人と、興味を示して、障子を囲みはじめました。和紙の触り心地を楽しんだり、和紙を触る手の影に気づいて覗き込むように観察してみたり、はたまた、これまで製作した折り紙の恐竜をかざして人形劇のようなごっこ遊びをしてみせたり……と、さまざまな形の影遊びの輪が広がっていきました。

一人の子の「影」の気づきから、さまざまな遊びへと裾野を広げていった一時。日々の保育はそんな子どもたちの気づきをきっかけに広がったり、深まったり、形を変えたりしながら、子どもたち自身の学びを深めるだけでなく、保育環境や保育そのものを充実させてくれます。

そしてまた、子どもたちの気づきを見流さないように、保育者はときに近くから、ときに遠くからとさまざまな視点に立って、日々子どもたちを見守っています。

読み取った「意味」を記述

　次に、子どもの姿から読み取った「意味」を書きます。例えば、子どもが、鏡で自分の姿を観ることに没頭している場面を目にします。ある日、1歳児が鏡をじっと見て、いろいろな表情を試している姿を想像しましょう。

「おもしろいな」「以前、別の子どもが同じような行動をしているのを見たなぁ」「なぜそのような行為をするのだろう（＝「意味」）」

　と考え、ドキュメンテーションでその姿と自分なりの疑問を届けたりします。
　また、5歳児が光の探究をしていて「光には色がある」と言いました。詳しく聞くと「夏の空は青くて、冬の空は白っぽいでしょ、だから光に色があるんだよ」と話しました。ここで保育者は、子どもの深い思考力、観察力、表現力に驚き、ドキュメンテーションで伝えました。
　「事実」＋自分の「解釈・意味づけ」を書くことで、保育者が何を感じたのか、考えたいのか、子どものどのような姿・力を届けたいのかについて、読み手は理解しやすくなります。「解釈・意味づけ」が書かれていることで、読み手が子どもの世界に入り込みやすくなるのです。

「意味づけ」は対話の糸口になる

　前述の「鏡」の話は、例えば、家庭から「うちでもよくやっている、2週間くらい前からかな」と聞いたり、4歳児クラスの担任と「鏡の前で2人でポーズしている。4歳と1歳では意味合いが変わっているのかな」という問いに発展します。
　5歳児の言葉は、事実だけ書いても「すごいね」となりますが、例えば前年度の担任が、「『空』に関する取り組みが4歳のときにあった」と過去のドキュメンテーションを引っ張り出し、どのような「空」の探究があったか、思考力や表現力にどのようにつながったのか考えることにもなります。

詩的な表現になることも

　子どもは現実と空想の世界を自由に行き来しながら、知識を構築しているように感じます。子どもが出会った世界の声をそのまま記述しようと試みたとき、子どもの現象は詩的な表現として、ドキュメンテーションに収められることもあります。それも、私たちが感受したメッセージ（意味）を届ける手法です。ファンタジーは、常に私たちの現実を更新する好奇心を届けてくれるため、価値あるものとして、子どもと私たちの関係性の中に置いておきたいと思います。

結果ではなく、学びの方向を示すもの

　ドキュメンテーションは次の保育の展開を考えるためのものです。すべての活動が終わった後で書く事後的な活動報告書ではありません。そのため、「解釈・意味づけ」は、何かをできるようになったという結果ばかりを追わず、どのような学び・育ちの芽が伸びているのか、伸びそうかという「子どもの学ぶ・育つ方向を示しているもの」になるように意識しましょう。

日付を記入する

　ここまで自分なりに振り返り、子どもの姿（事実）とそこから感じとった「意味」を書くことを確認してきました。最後に「日付」を記入すればドキュメンテーションは完成します。日付は、いつの活動かを後で振り返るときに役立ちます。5歳児の「光」のエピソードで、本人が4歳児だった頃の「空」の活動に戻るとき、季節はいつか、本人が4歳何か月のエピソードかを遡ることができます。育ち・学びのプロセスが時系列で確認することができます。

　場合によっては、1つのドキュメンテーションに何日（何週間・何か月）にもわたる姿が出てきますが、一つひとつの活動が起こった日付をできる限り正確に記述しておきましょう。

雨の音をみる

7月9日

テラスに寝そべり、外を眺めているけいくん
なにを見ているの？と質問すると、

「あめのおとを、みているんだよ」
と教えてくれました。
「音？」と聞き返すと、

「うん。ぽとっぽとっ ていうおとをみているんだよ。」

「開かれた記録」になっているか

　ドキュメンテーションができたらもう一度、みんなが参加しやすい記録＝「開かれた記録」になっているかチェックしてみます。レッジョ・エミリアでは、「開かれた記録」で大切なのは「隙間」だといわれます。哲学的な響きがありますが、その場に居合わせなかった第三者が、子どもの姿・保育にアイデアや考え、想いを投じる「余地」を指します。

　例えば、ドキュメンテーションで書かれた「解釈・意味づけ」の内容が断定的なものだと、単なる読み物になり、対話・参加が起こりにくくなります。自分の主観であるため、その不確かさに対して「こうかもしれない」「○○と私は感じる」という書きぶりになるでしょう。つまり「言い切らない」「断定しない」記述が多くなります。5W1Hの「なぜ」について、「解釈」の記述は気をつけたいと書きました。これは、子どもの姿が現れた理由を断言できないことが多いためです。

　ドキュメンテーションは「答え」を探すよりも「問い」をつくることを意識すると、みんなに活かされるものになります。「参加」を前提とした「子ども理解」、子どもとともに世界を知る新しい「意味」の生成の取り組みといえます。

最初は写真と日付から

　これらの流れは、最初からスムーズにできるものではないかもしれません。特に「意味づけ」は繰り返しドキュメンテーションをつくり、同僚や家庭などと対話することで磨かれます。最初は「写真」と「日付」だけでもいいでしょう。

　一人ひとりの保育者が、日々子どもと探究・生活する中でみえてくる子どもたちの姿に心を動かし、もっと深く知りたい、理解したいと思うことからドキュメンテーションは始まります。それは、とても幸せな仕事のプロセスといえます。まずは、思いきって1枚つくってみましょう！

「恐竜が空飛んだ！」　　　　　　　「恐竜が泳いでる！」

2020.06.22

「ながいの、やったの」

9 月 18 日

2　ドキュメンテーションの活かし方

「シェア・対話」の目的

「開かれた記録」を活かす

　ドキュメンテーションは、複数の人と「子ども理解」を進める手段です。保育者が「観る・聴く」した子どもの姿と「意味」が、チーム内や園全体に「見える化」されることで、その場にいなかった人も子どものことを語ったり、関わる「参加」が可能になります。それが「たくさんの主観」で子どもを理解していくことにつながります。この性質を「開かれた記録」として説明しました。

　すでに、ドキュメンテーションをつくる過程で多くの人が「参加」し、子どもの姿から捉えた「意味」が深くなりつつあるかもしれませんが、ここでは、作られたドキュメンテーションをどのように共有し、「子ども理解」を深める参加・対話につなげていくのか、「ドキュメンテーションの8の字」の「シェア・対話」から「子ども理解」の流れについて考えます。

「シェア・対話」の目的

　「シェア・対話」の目的は「子ども理解」です。しかし、子ども本人以外の他人が正確に捉えるのは難しいことです。あるいは、当の本人すら自分を理解できていないこともあるでしょう。その点で、子どもを理解するのは「不確かさ」の中にあるといえます。そこで「たくさんの主観」で向き合うことが大切だと書きました。

　一方で、「不確かさ」は希望に満ちています。子どもを理解する過程で、自分自身に出会い直しているところがないでしょうか。または、子どもとともに世界と出会うことで、この世界が新しく見えてくることがありませんか。

　「シェア・対話」は、自分自身や自分たちが生きる世界と出会い直す、コミュニティにとってのかけがえのない時間を得ることでもあると実感しています。

　私たちはコミュニティが子どもに与える影響を意識していますが、同時に、子どもがコミュニティに与える影響を歓迎したいと思います。「子ども理解」のための「シェア・対話」は、私たちを豊かにしてくれる希望に満ちた挑戦です。

「シェア・対話」する相手

　このような視点から、私たちは「シェア・対話」する相手を園に関係する「すべての人」として考えています。同僚や家庭、地域、社会、子どもたちも対象になります。多角的に理解を深めるための異なる視点が交換できる参加者には、多様性があることが望ましいからです。

　参加者の間では、相互的で民主的な関係性を大事にしています。一方通行のコミュニケーションによる意思疎通や合意形成ではなく、異なる意見や想いを率直に交わし、新しいアイデアや考え方、意味を生み出していきたいからです。

「シェア・対話」の方法 —— 保育チーム・家庭

園内におけるドキュメンテーションの共有

　私たちは、園内でドキュメンテーションを掲示する場所を決めています。クラス内はもちろん、園全体の子どもの姿も確認できるように、みんなが通る場所にすべてのクラスのドキュメンテーションが掲示されています。「ギャラリー」のような場を園内に設け、子どもたちの表現（作品）とともにドキュメンテーションを展示する工夫もしています。

　子どもの取り組みを動画で撮ることもあるので、ディスプレイやタブレット端末を園内の決まった場所に置いています。また、みんながゆったりできるソファがあるスペースにドキュメンテーションが置いてあることで、ドキュメンテーションをじっくり見る人が増えました。

　家庭との共有では、パソコンやスマートフォン上でやりとりできる手段も有効だと思います。

　同僚とは、会議や対話（まちの保育園・こども園では「対話」の時間が設けられている）の場面でドキュメンテーションが共有されますが、職員室や休憩場所にも自然なかたちで掲示し、日常的に保育者同士で子どもの姿を語り合っています。

過去の資料の「アーカイブ」

過去を振り返ったり、「プロジェクト」として継続・連続した取り組みを流れで見るために、過去のドキュメンテーションを冊子としてファイリングし、みんなが閲覧できる場所に置いてあります。このようなアーカイブを継続すると、将来大きな価値を生む資料になると感じています。今では、サーバー上で検索もできる「デジタルアーカイブ化」にも挑戦しています。

保育チームの対話

まちの保育園・こども園では、あらゆる場面で対話が行われます。保育者同士の対話は、ランチ休憩の前後、子どもたちがお昼寝する時間、夕方のノンコンタクトタイム*に行われることが多いです。クラス内の他、他のクラスの同僚や栄養士・看護師・主任・園長を交えた対話もあります。クラス会議・月案会議・職員会議等の会議でも、ドキュメンテーションを通して対話する時間がもたれています。

加えて、「対話の時間」とした、会議とは別の時間が設けられ、パート職員も含めた全職員が参加している園もあります。会議は何かを報告したり決議することが目的ですが、「対話の時間」はひたすら理解を深めるためにゆったりと子どもを語る時間です。リラックスした雰囲気で、軽食などを交えながら行います。この対話では、すべての考え・アイデアが尊重され、発言は立場に関係なく対等です。そのような民主的で楽しい雰囲気づくりは、チームに活気を与えると感じています。

対話のため、チームの時間の使い方をアップデートする

保育現場はやるべきことが多く、「対話の時間」などを導入すると単に「仕事が増えてしまう」。そうならないために、「子ども理解」やチームづくり、あるいは研修の位置づけとして、園として対話そのものに「価値」を置き、これまで行ってきたことの一部を思い切ってやめるなど、取捨選択をしていけるとよいと思います。

とはいえ、園の歴史や地域の実情等もあるので、簡単なことではないでしょう。私たちも会議や研修を見直し、既存の会議で「20分だけ対話の時間を作ってみよう」ということから始めました。

*保育するのではなく、自身やチームの保育準備や研究等の時間。

対話で心がけること

　対話は、参加者それぞれの意見・アイデア・想いを交換する創造的なコミュニケーションといえます。それぞれのアイデア・考えを交わして、「みんなのアイデア・考え」を生み出すことといってもよいでしょう。

　対話を活発にするには、互いの違いを認めながら「共感」する文化が大切だと感じます。そのために、私たちは次の3つのポイントを大切にしています。

・「Yes,and」(「Yes,but」ではなく、相手の意見・アイデアに乗っかる)
・「質より量」(とにかくたくさんアイデア・意見が出るように工夫する)
・みんなの意見が対等(立場は関係なし、子どもの姿の語り合いにヒエラルキーはなし。誰かが解答をもっているものではない)

家庭との対話

　ドキュメンテーションがあることで、家庭とのコミュニケーションが深くなると感じます。子どもの学びのプロセスを日々わかちあうことで、子どもたちの学びの世界に家庭も巻き込まれていくことは、これまでも確認してきました。その際、写真は伝わる情報量が多いことも感じています。

　家庭同士、ソファ等に座ってリラックスしながら語り合うこともあります。保護者会や個人面談、行事などで、ドキュメンテーションを共有し、対話する時間も設けています。子どもを語るために、家庭との「対話の時間」を設けている園もあります。

「シェア・対話の方法」子ども・地域・社会との対話

子どもとのシェア・対話

　まちの保育園・こども園では、子どもたちが日常的に見られるところにドキュメンテーションが掲示されていますが、文字が読めなくても、子どもたちは写真から何かをつかんでいるようです。ドキュメンテーションを見て友だちや周りの大人に質問したり、自分の考えを話し合っています。

　ドキュメンテーションは、最新の活動ばかりでなく、園がずっと大切にしたい過去の子どもたちの記録でもあります。例えばアトリエには何年も前の粘土活動、園庭のハーブ園には昨年の年長児のハーブ探究に関するドキュメンテーションがずっと掲示されています。こうした掲示は、園のアイデンティティを形成していきます。ドキュメンテーションがアーカイブ化された冊子を子どもたちが見ることもあります。

　このように子どもたちは、現在・過去のドキュメンテーションを見ながら、記憶をつなぎ合わせる断片として学びに活かしたり、自身の活動の展開のヒントにしています。学びの「見える化」は、子ども同士や周りの大人との対話を生む機会につながっているのです。ドキュメンテーションがあちこちに掲示されていることで、園の大人たちが子どもを歓迎し、育ち・学びを大切にしていることが、子どもたちにもよく伝わっているようです。

地域・社会とのシェア・対話

　私たちは、地域・社会と子どもの姿をわかち合いたいと思っています。これは、子どもが社会から歓迎され、子どもの学び・育ちを地域・社会と協力して支えたいという想いがあるからです。一方で、子どもたちから地域・社会に還元されるものがたくさんあると信じています。

　ここでもドキュメンテーションは活躍します。まちの保育園・こども園にはカフェなどの「コミュニティスペース」がありますが、そういった場でドキュメンテーションや子どもの作品を紹介しています。加えて、園開放だけでなく、地域のあらゆる人や場とともにイベントを企画していますが、そこでもドキュメンテーションが自然な対話を生み出します。

　地域とともに子どもの活動をすすめたいとき、ドキュメンテーションが活かされます。例えば、以前、子どもたちが「着物」に興味をもち、地域の着付け師に協力いただいたことがありました。子どもたちが「着物」に出会い探究してきたプロセスが、ドキュメンテーションで共有されたことで、着付け師がその後の活動をイメージしやすくなりました。学びのプロセスが「見える化」されることで、連携がしやすくなると感じています。

「子ども理解」は巡りながら豊かになる

「シェア・対話」には新しい創造とよろこびがあるもの

　「子ども理解」につなげるために、私たちが行っている「シェア・対話」の工夫を紹介させていただきました。

　自分の理解や考えを互いにシェアし対話すること、このことは、チームや家庭との連携を強くすることのみではなく、新しい創造への期待やよろこびがあるものだと思います。自分が気づきもしなかった保育のアイデアが生まれたり、子どものもっと大きな可能性を感じることができたり、そして、何より、子どもの育ち・学びのためにあるという大きなチャレンジに、ひとりではなく、みんなで向き合っている感覚をもつことができたりするからです。

子どもと、自分たちの可能性に出会うこと

　ここまで「ドキュメンテーションの8の字」の上の輪を見てきました。まとめてみましょう。まず、保育者が子どもとともにある中で、「観る・聴く」した子どもの姿と、姿から読み取った「意味」が、ドキュメンテーションにより「見える化」される。そうすることで、「開かれた記録」としてチーム・コミュニティで「シェア・対話」が可能となる。

　多くの人の「参加」から、子どもを「みんなで知る」ことを通して、チーム・コミュニティで深められた「子ども理解」は、保育者と子どもの学び・育ちを支えていく。その保育者と子どもにより、再びシェアされる「意味」がまたチーム・コミュニティで、生成され続けていく。このような循環です。

　子どもといながら、私たちが、自分自身や、私たちがともに生きるこの世界の面白さや美しさ、可能性に出会っていくこと。この「意味」の語りにより、子どももコミュニティも育まれていくのだと感じています。

3 組織的・計画的な保育の質の向上とドキュメンテーション

指針・要領とドキュメンテーション

　8の字の下の輪（ドキュメンテーションが「園づくり」にもたらす価値）に触れる前に、保育所保育指針、幼稚園教育要領、幼保連携型認定こども園教育・保育要領（以下、指針・要領）との関連で、ドキュメンテーションがどのように実践的に活用できるのかを考えます。

　指針・要領において「保育の質の向上」は大きなトピックとなっています。また、「課程に基づき、組織的かつ計画的に、教育活動の質の向上を図っていく」こととして、カリキュラム・マネジメントは、保育の質のための重要なキーワードとして議論されています。

　私たちは、保育上のねらい・見通し・計画をもちながら、「子どもの姿」から柔軟に保育を展開するカリキュラムを大切にしています。その中で、「組織的・計画的な質の向上」にどのようにドキュメンテーションを活かしていくことができるでしょうか。

「子ども理解」と意味生成のサイクル

　第2章と第3章で見てきたことを踏まえると、次のような「子ども理解」と意味生成のサイクルを描くことができます。

Design（計画）：全体的な計画・教育課程や指導案の「ねらい」を踏まえ、これまでと目の前の子どもの学び・育ちの方向性を考慮しながら、保育の環境やグループサイズ、学びを深めるためのテーマ・質問、保育者のかかわり、その他配慮事項を考える。ここで、計画や環境構成を考えるにあたり、これまでの子どもの育ち・学びのプロセスを振り返るために、ドキュメンテーションを活用する。同僚と対話しながら行えると、より深くなる。ドキュメンテーションをもとに、子どもと考えてもいい。

Practice（実践）：保育の実践。子どもの活動の「プロセス」を丁寧に記録する（メモやカメラ、ビデオ、ボイスレコーダー等）。子どもと一緒にいる保育者自身が、心が動いた場面を厚めに記録しておく。もちろん、一緒に遊び込んでもOK。子どもと心を通わせることで「みえてくる」姿がある。これまで見てきた【観る・聴く】の要点をここで意識する。

Evaluation（評価）:【観る・聴く】した子どもの「姿」から、どのような学び・育ちの芽が伸びているか（伸びていきそうか）を読み取る【解釈・意味づけ】。保育の現場で読み取る学び・育ちの「意味」もあれば、あとで、自分の写真やメモ等の記録を振り返ることで見えてくる「意味」もある。同僚等にも相談しながら、その「意味」を深めることを大切にし、ドキュメンテーションを作成する。

Action（環境・配慮）: 読み取った育ち・学びの姿、そこから紡がれる「意味」をドキュメンテーションにしたことで、同僚等が、保育を一緒に考えやすくなる。【シェア・対話】を通して、次の保育環境や配慮等をよりふさわしいと思うかたちに再構築する。

Re-Design（新しい計画）:同僚・コミュニティと深めている【子ども理解】をもとに、適宜、指導案等を修正し、「計画」をアップデートする。そしてまた、【Practice（実践）】へ。子どもの姿から、何度も更新されていく計画は、学び手の心に火を灯す「生きた計画」となっていく。この「生きた計画」自体が、子どもと生み出した「意味」そのものになる。

再び【Practice（実践）】へ。

　このサイクルで、ドキュメンテーションは組織的・計画的な保育の充実を支えていると説明できます。Evaluation（評価）は、定められた到達目標ができたか・できていないかをみる評価ではなく「子どもの姿を読み取って省察すること」です。いわゆるアセスメント（Assessment）の評価や、対象となる子どもの文脈に基づいて個人的・情緒的な面に重点を置く評価、「享受（enjoy）」の視点（ジョン・デューイ）ともいえます。

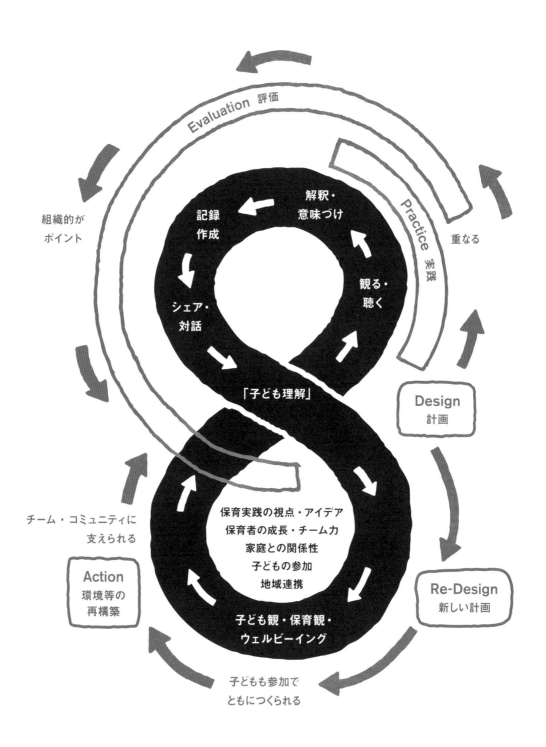

Evaluation 評価

組織的が
ポイント

解釈・
意味づけ

記録
作成

観る・
聴く

Practice 実践

重なる

シェア・
対話

「子ども理解」

Design
計画

チーム・コミュニティに
支えられる

保育実践の視点・アイデア
保育者の成長・チーム力
家庭との関係性
子どもの参加
地域連携

Action
環境等の
再構築

Re-Design
新しい計画

子ども観・保育観・
ウェルビーイング

子どもも参加で
ともにつくられる

子ども理解に基づいた評価

　また、指針・要領では、「子ども理解に基づいた評価」の重要性が上げられ、それを組織的かつ計画的な取り組みで推進することが方向づけされています。ドキュメンテーションは、①「子ども理解」を深めるためのもの、②参加型の評価であること、つまり「組織的に」子ども理解、評価を推進していく取り組みであることが確認できます。

　こういったことからも、ドキュメンテーションが活かされていくことのイメージをもっていただきやすいのではないでしょうか。

「組織的」な職員の資質向上につながる

　もう一つ確認しておきたいことは、指針・要領において、職員の資質向上において「組織的」がキーワードとなったことです。職員の資質向上については、個人の努力を超えて園全体として取り組むものですが、「子ども理解」の循環は保育者にとってOJTにつながり、個人の資質向上にも寄与することになります。

　ドキュメンテーションは、子どもの「主体的・対話的で深い学び」のためにありながら、大人の「主体的・対話的で深い学び」にもつながります。自身の「意味づけ」をチーム・コミュニティの対話で深め、同僚等の視点を取り入れながら、保育を子どもと拓き続ける中で、保育者の深い学びにもつながるのです。

記録を超えた価値がある

　以上のように、ドキュメンテーションは指針・要領で大事にしている観点を充実させていく手法の一つと感じています。ドキュメンテーションの魅力は、子どもや同僚、家庭、地域の参加から、ともに保育・園を作っていくことにあります。ドキュメンテーションには、記録を超えた価値があるのです。

　次章では、その価値について考えていきます。

第 4 章

ウェルビーイングにつながる
ドキュメンテーション

1　ドキュメンテーションの価値

チーム・コミュニティの関係性が築くもの

　これまで、ドキュメンテーションを「どのように作成するか」（「観る・聴く」「解釈・意味づけ」「記録作成」）、「どのように活かすか」（「シェア・対話」「子ども理解」）を見てきました。本章では「何につながるか」（8の字の下の輪）を考えます。
　ドキュメンテーションによる参加と対話はチームやコミュニティの関係性を育みながら、下記の領域に前向きな影響を与えると話しました（76ページ）。
(1)保育実践の視点・アイデア
(2)保育者の成長・チーム力
(3)家庭との関係性
(4)子どもの参加
(5)地域連携
以下で詳しくみていきましょう。

⑴保育実践の視点・アイデア
　ドキュメンテーションが保育に活きる視点には、
①保育の中で、自分が捉えた子どもの姿や感じた意味を、ドキュメンテーションに書くことで整理することができる
②ドキュメンテーションをもとに同僚や家庭等と、「シェア・対話」を進めることで、「子ども理解」を組織的に深めることができる
③同時に、同僚や家庭等から、次の保育展開・環境構成の気づきやアイデアをもらえる
④同僚や家庭等の「参加」が進み、共同で子どもの育ち・学びをよろこび、支えるコミュニティが育まれる（もちろん、子どもたちも参加して）

　ということが挙げられます。例えば、4歳の子どもたちが「フラワーアレンジメント」に興味をもち、その取り組みに向けて準備を進めてきましたが、どうも「植物から色が出る」ことに興味が移り始めているように見えました。そのとき保育者は、「フラワーアレンジメント」の準備もあることから、その後の展開に少し迷いがあったとします。

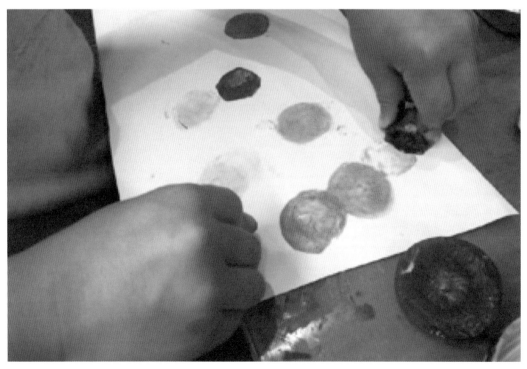

ドキュメンテーションを見た他の保育者が、子どもたちが3歳児の頃、「色」の探究が長く続いたことを伝えてくれたり、別の保育者が「草木染め」のアイデアをくれたりして、子どもの活動が深まった経験を過去のドキュメンテーションから共有してくれたりすることで、次の保育に向けたヒントを得られたりします。

　また、そのドキュメンテーションをみた家庭が「草木染めのプロ」が地域に住んでいることを教えてくれるかもしれません。

　これらは、子どもの姿が可視化されたことで多くのアイデア・考え・視点が、保育で活かされるからといえるでしょう。みんなでアイデアを出し合い、保育を組み立てていくので、保育も楽しくなります。

⑵保育者の成長・チーム力

　子どもの姿から感じたことを、チーム・コミュニティと「シェア・対話」することで、自分の「解釈」を考え直すきっかけを得られることがあります。さらに、次の保育の展開に向けて、チームやコミュニティのあらゆる考えやアイデアを受け取り、保育を組み立てる経験を繰り返すことは、自身の保育力、資質の向上につながっていくとも感じます。

　同時に、この一連の連携は、同僚の保育力にも影響します。自分のアイデアや考えは、同僚にインスピレーションを与え、チームで保育力を育むことにもつながるのです。

　また、各自の意見や視点が尊重される「チーム文化」は、民主的な組織を育み、チームの結束につながります。支え合いの関係が充実し、対話の文化が育まれることで、風通しのよいチームが生まれやすくなると感じています。

⑶家庭との関係性

　情報量が多い写真や動画での共有は、家庭とのコミュニケーションの可能性を広げると感じています。口頭や文章のみの伝達より具体的なイメージで、子どもの姿が共有できるようになることで、家庭と保育者の対話が活性化し、家庭の参画・協力につながりやすくなると思います。家庭との関係性は、子どもを語り合うことを通して育まれていくのだなと感じていますが、ドキュメンテーションはその「語り」を豊かにしてくれます。また、ドキュメンテーションが掲示されていることで、家庭同士の話が弾むこともあります。家庭の横のつながりも「子どもを語ること」によって育まれて

いくと、より園としての一体感が生まれやすくなると感じています。

　ちょっと違った視点では、ドキュメンテーションで、「保護者」にフォーカスすることもあります。保護者が、園の環境づくりのDIYや、行事の準備などに参画したり、保育に参加したりした際には、「保護者の勇姿」をドキュメンテーションで掲示するときもあります。園では、子どもも主人公ですが、大人も主人公です。その点では、もちろん「保育者」に焦点を当てたドキュメンテーションも素敵ですね。

(4)子どもの参加

　ドキュメンテーションにより子どもたちの姿が可視化され、語られることで、コミュニティ全体が子どものたちの存在や活動に大きな価値を置いていることを、子どもたちは感じるようです。子どもを歓迎する園の文化は、子どもが安心して学び・育つ環境につながっているのだと思います。

　また、ドキュメンテーションで、私たちが「価値」を置いた子どもの姿を可視化したことで、子どもがその意味を感じ、活動が充実することもあります。例えば、紅葉した葉っぱをすりつぶして絵にまぶす表現を、保育者は「素敵」と感じてドキュメンテーションを作ります。そのドキュメンテーションを見た子どもが、他の色の葉っぱを集めてすりつぶし、作品をさらに彩豊かなものにするなどです。ドキュメンテーションは、子どもと大人が共同で成立させる学びのあり方を支えます。

　さらに、ドキュメンテーションは「子どもの文化の継承」を支えていきます。どの園でも、例えば、年中の子どもが年長の子どもたちの活動に憧れを抱き、自分が年長になったときにその活動を行い始めるといったことは、私たちがよくみる「子ども文化の継承」であると思います。「シェア・対話」の箇所で触れましたが、私たちは、園の象徴的な取り組みを紹介する過去のドキュメンテーションをずっと掲示していたりしますが、ドキュメンテーションがあることで、子どもたちが築いた文化が引き継がれやすく、代々の子どもたちの活動を充実させていくと感じています。代々継承されては更新されていくことで、その活動は園のアイデンティティを形成していくのも興味深いことです。

(5)地域連携

　地域との連携についても、多くの価値を語ることができます。子どもの学び・育ちのプロセスを可視化するドキュメンテーションは、前述（112ペー

ジ)の着付け師のように、コミュニケーションする相手を子どもたちの学び
の物語の「登場人物」にしやすくします。ドキュメンテーションにより、学び
の物語の文脈を知る(子どもの活動の軌跡を辿る)ことができるからです。

　また、子どもの姿を届けていくことで、子どもが一人の「市民」として社
会で育つ存在であることを、地域・社会と分かち合うことができます。そ
の姿に私たちは驚かされたり、元気づけられたり、創造性を刺激された
り、ときには社会のあり方を考えるきっかけをもらったりします。
　例えば、5歳児クラスの女の子が手紙を書きました。

いしは　ちいさいいしだと　みずにうかんで
おおきいいしだと　しずみます
はっぱは　どんなに　おお聴くても　みずにうかびます
つちからできたものは　しずんで
うえにできているものは　うえにできて　うかんでるように
みえるので　うかびます。
つちにできているのは　したに　いってんので　しずみます

　彼女は、葉が水に浮くさまを不思議に感じたのでしょう。そして「地上
では、葉は木にあり、浮いているように見え、石は地面にある。この原理
が水中でも働くのではないか」と考えたのでしょう。彼女は好奇心を抱き、
深く考え、自らの仮説を言葉で表現し、人に伝えてみせたのです。

生きる子どもの姿を、社会の心に届ける
　生き生きとした子どもの姿を届けていくことは、地域・社会を生きる人
にも大きな気づきを与えます。子どもが育つ環境づくりは、社会づくりと
切り離せません。その点でも、社会と子どもを分かち合い、子どもの学び・
育ちの世界の奥深さを共有し、人生最初の段階を生きる「市民」として子
どもを歓迎・尊重する社会の価値観が深まってほしいと思います。

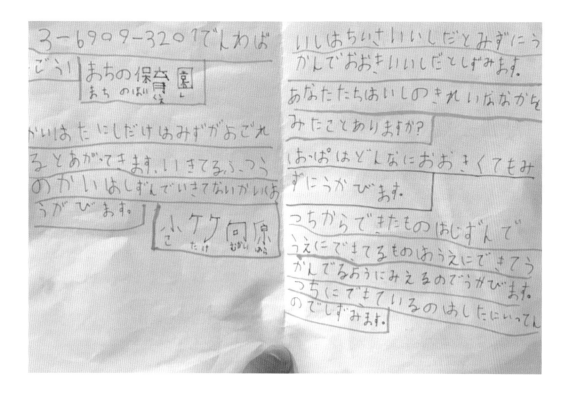

2 園づくりの「根っこ」の価値観

チーム・コミュニティの結束が育むもの

　子どもを真ん中にしたチーム・コミュニティの豊かな関係性は、園づくりの根幹となる重要な価値観をじわじわと育んでいきます。本章の締めくくりとして、その価値観について考えていきたいと思います。

「根っこ」となる3つの価値観

　根幹となる価値観は、次の3点としてまとめられると思います。

① 私たちは、どのような存在として子どもを捉えているか（「子ども観」）
② 子どもにどのように育ってほしいと願い、私たちは何を大切にしていきたいか（「保育観」）
③ 私たちは子どもとどうありたいか（子ども・大人のあり方＝「ウェルビーイングの視点」）

　これらを、園づくりの「根っこ」となる3つの価値観と考えています。保育目標などで明文化できることもありますが、大部分は「園らしさ」という、チームやコミュニティ内で感覚的にシェアされていることも多いと思います。

「根っこ」の価値観は、園の文化をつくる

　3つの価値観は「園の文化」となり、子どもたちと私たちの日常を形づくります。ここでいう「文化」とは、取り決めや規則がなくても園の理念に基づいて考えたり行動できる、園にいる人々の間に漂う「空気」のようなものです。

　文化が豊かな園では、当事者の多くが「積極的にやったほうがいいこと・やらないほうがいいこと」を理解し、自分の考えで子ども・チーム・コミュニティとうまく連携・協働しながら動くことができます。「園で決まっていないからわからない」「先輩や園長の判断を聞かないと動けない」ことが減少するのです。どの園にも、一歩足を踏み入れたときに感じる「空気」があります。この園では何が大切にされているのか。その空気は「園の文化」が醸し出しているのだと思います。

子どもを語り合うことが「根っこ」の価値観を育む

　これまで「子どもを語る」ことが、「保育実践の視点・アイデア」「保育者の成長・チーム力」「家庭との関係性」「子どもの参加」「地域連携」など広範囲に前向きな影響を及ぼす可能性について確認してきました。次の段階として感じているのは、コミュニティで「子どもを語り合う」ことを続けていくと、「根っこ」の価値観が育まれていくのではないかということです。この「子ども語り」が、光や水、栄養素となり、根が張るのを助けるようにです。

「子ども観」

　私たちは、子どもをどのような存在として捉えているのか、どのような子どものイメージをもっているのでしょうか。この「子ども観」により、保育の方向性や子育ては特徴づけられるとされています*。その点で「子ども観」は園の保育目標や内容、ねらいが形づけられる基底となります。

　一方で「子ども観」は、明示的であることよりも、保育・教育の背後に隠れる形で影響を与えるものです。言語化できることもあれば、感覚的にシェアされる内容も含んでいるのです。

「子ども観」は具体的な子どものエピソードから深まる

　この「子ども観」は子どもの学び・育ちの具体的な姿がドキュメンテーションで共有され、それを見た人たちが語り合うことによって、コミュニティの中で深く共有されていくように感じます。例えば、子どもは「有能」な存在であるという抽象的な概念を、「葉が水に浮く原理」(130ページ)を自ら理論化した子どもの具体的な姿から理解し合うということなどです。

*汐見稔幸ほか『日本の保育の歴史−子ども観と保育の歴史150年』萌文書林、2017年

136

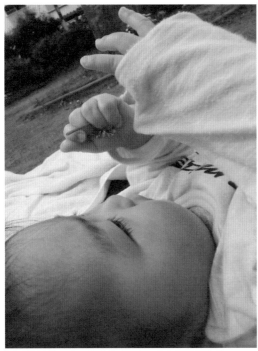

レッジョ・エミリアの哲学

　レッジョ・エミリアでは、「子ども観は教育哲学の焦点である」と表現されているほど大切にされています。レッジョ・エミリアは、実践もさることながら、豊かな「子ども観」を世界に届けていることで注目されているともいえるでしょう。この「子ども観」を見事に表現しているのが、ローリス・マラグッツィ氏による右の詩ではないでしょうか。

　子どもをどのように観るのかという力強いメッセージが込められています。この「子ども観」が、ドキュメンテーションを通して子どもの姿を対話・コミュニケーションすることでさらに深く共有され、コミュニティの豊かな関係性を育んでいくのです。

冗談じゃない。百のものはここにある。

子どもは

百のものでつくられている。

子どもは

百の言葉を

百の手を

百の思いを

百の考え方を

百の遊び方や話し方を持っている。

百、何もかもが百。

聞き方も

驚き方も愛し方も

理解し歌うときの

歓びも百。

発見すべき

世界も百。

発明すべき

世界も百。

夢見る

世界も百。

子どもは

百の言葉を持っている。

（ほかにも、いろいろ百、百、百）

けれども、その九十九は奪われる。

学校も文化も

頭と身体を分け

こう教える。

手を使わないで考えなさい。

頭を使わないでやりなさい。

話をしないで聴きなさい。

楽しまないで理解しなさい。

愛したり驚いたりするのは

イースターとクリスマスのときだけにしなさい。

こうも教える。

すでにある世界を発見しなさい。

そして百の世界から

九十九を奪ってしまう。

こうも教える。

遊びと仕事

現実とファンタジー

科学と発明

空と大地

理性と夢

これらはみんな

共にあることは

できないんだよと。

つまり、こう教える。

百のものはないと。

子どもは答える。

冗談じゃない。百のものはここにある。

ローリス・マラグッツィ（Loris Malaguzzi）、佐藤学訳

保育観

　園づくりの「根っこ」となる価値観の2つ目は「保育観」です。園には、「子どもにどのように育ってほしいと願い、そのために私たちは何を大切にしていきたいか」という保育・教育目標があります。その目標は大変重要で、掲示されたり、教育課程・全体的な計画、園の重要事項説明等に記載されることで、あらゆる場面でチームや家庭との間で共有されます。

　ドキュメンテーションは、この目標に向けて子どもがどのように育っているか・学んでいるかを目の前の子どもの具体的な姿から理解を求めることを助けます。ここで大事なことは、園が目指すもの＝理念の共有と理解です。具体的な子どもの姿や場面から理念の共有や理解につなげていくことを少し意識してみると、深いコミュニケーションが生まれることを私たちは経験しています。

私たちは、子どもとどうありたいか

　「根っこ」の価値観の3つ目は「私たちは、子どもとどうありたいか」です。子どもたちは、私たちをよく見ていますね。私たちが何を大切にしているのか、信じているのか、どのように人とかかわり、物事に向き合っているか。どのようなことに心を動かしているか。私たちは子どもの「モデル」となっています。

　私たちが子どもを想うとき、子どもたちのために「何をする（doing）」かをよく考えますが、「どうあるか（being）」も大切です。私たちの存在を切り離して子どもの育つ環境は考えられません。ですから、私たちがまだ手にしていないことを子どもに願うのではなく、私たちが率先して動きつかみかけている社会や、これからの時代に求められる力を子どもに手渡すことを大切にしたいですね。

1から100を生み出す力　1月24日

まちの保育園 小竹向原の園庭には、固定遊具と呼ばれるものがほとんどありません。
園を作る時からの、「既存の遊びに縛られず、自然の中から子どもたちが探究を見つけやすい環境」
という想いを、大切にしたいからです。

その環境の中での、彼らの「探究を見つける」能力は、私たちの予想を遥かに超えてきます。

1本ずつ独立していたロープを繋ぎ合わせ、木の板やマットを組み合わせてブランコにしたり、
木の枝に縄跳びをくくりつけて、足で乗るブランコにしたり……

1の可能性から、100、もしくはそれ以上の探究を生み出す、
柔らかく、良い意味で貪欲でいる彼らの力は、いつまでも見習い続けていきたいものだなと感じます。

社会資源を活かす園として　　12月17日

花びらでの染め物をした子どもから、
「もっと花びらがほしい」という声があがりました。
この季節に花びらをいただける場所や人はないか……と
コミュニティコーディネーターと相談をしていると、
案にあがったのが、クラスの子のお母さん。
お花のお仕事をなさっていることを以前から聞いており
お話を伺うと、あれよあれよと話が進み、
お仕事見学に行かせて頂くことになりました。
季節柄もあって、お正月飾りを作る貴重な体験もし、
普段は見ることのできないお友達のお母さんの働く姿に、
子どもたちは胸を躍らせます。

私達まちの保育園は、名前の通り「まち」のなかにあり、
まちの中心である場所を目指しています。
保育理念のひとつ「社会資源を活かす保育園」。
子どもたち一人ひとりにも個性があるように、
保護者の方にも多種多様な個性があり、
こんなにも近くに素晴らしい社会資源があったのだと
改めて気付かされました。
様々な人との出会いやご協力のもと、
たくさんの資源を活かして、より一層子どもたちの探求を
一緒に深めていけたらと感じた出来事でした。

大人も自分たちを語り合う

　私たちはドキュメンテーションのエピソードから、大人同士、自分たちのことも語り合います。例えば、「男の子らしさ・女の子らしさ」といったジェンダーの話について、保護者と保育者とで「LGBTの友人の話」や、自分たちが経験したエピソードから感じたこと、考えたことを語り合ったことがありました。その上で、コミュニティとして何を大切にして、私たち自身はどのようにありたいのか、その考えを子どもたちにどう共有していくかという話をします。これからの社会を生きていく主体は、子どものみならず、私たち大人も含まれます。大人も子どももともに主体性をもち、社会や自分たちのことを考えることで未来が拓くと信じていたいと思います。

子どもとともにあることが、ウェルビーイングにつながる

　この「子どもとどうありたいか」の価値観を常に育ててくれるのは、子どもとともにあるよろこびや幸福感ではないかと思います。

　例えば、地域の高齢者は子どもたちとの交流をとても楽しみにしてくれます。中には「お洒落をしてまちに出かけるようになった」人も現れるほどです。原宿にあるまちのこども園 代々木公園では、タピオカが大流行した際に、容器のポイ捨てが問題になっていました。子どもたちがゴミについて考えるようになり、商店街に置くゴミ箱をつくったりゴミ拾いをすることで、市民として地域とかかわり、身近な地域の問題に取り組めました。

　大人だけで地域の問題を考えると「ルール」や「仕事」の話になりがちですが、子どもとともに考えると「自分たちや社会のあり方」から考えることができます。子どもがチームにいることで、関わる人の関係性や考えをより深くするともいえます。

　「子どもたちの100の言葉」*とともにあるのは、子どもの可能性を見ようとすることで、私たちが自分自身の可能性を見つけたり、子どもとともに世界を知ることを通して、私たちが新たな世界に出会ったり、未知を拓く創造性や新しいアイデアにわくわくしたり、真にインクルーシブ(包括的な)社会について考えるきっかけになると信じています。

　私たちが子どものウェルビーイング(幸福)のためにあることは、自身のウェルビーイングにもつながっていくのではないでしょうか。「子どもとどうありたいか」という価値観は、子どもという存在がコミュニティを照らすことで育まれていくものなのかもしれません。

*前述の詩(139ページ)参照。子どもたちの多様性を示す、マラグッツィの表現(言い回し)。

8の字はめぐる

　以上のようにドキュメンテーションは、8の字を循環しながら、子ども・家庭、保育者、コミュニティ、社会の日常を豊かなものにしていきます。その循環を振り返ってみましょう。

① ドキュメンテーションによる日々の具体的な子どもの姿の分かち合い・語り合いが「子ども理解」を深め、「保育の充実」につながる（第2章、8の字の上の輪）。

② 「子どもを語り合う」ことは、チーム・コミュニティの関係性を豊かにし、子どもや家庭、保育者、コミュニティに前向きな影響を与える（8の字の下の輪。「保育実践の視点・アイデア」「保育者の成長・チーム力」「家庭との関係性」「地域連携」「子どもの参加」）。

③ 「子どもを語り合う」ことは、園づくりの根っこの価値観を育む（8の字の下の輪。「子ども観」「保育観」「ウェルビーイング」）。

④ 根っこの価値観の共有はコミュニティの関係性をさらに豊かにし、コミュニティの参加者の考えや行動、仕事や役割のパフォーマンス、ウェルビーイングを支える（8の字の下の輪。「保育者の成長・チーム力」「家庭との関係性」「地域連携」「子どもの参加」）。

⑤ この一連の流れが、目の前の子どもの具体的な姿の「子ども理解」を深くしていく。

　このようにしてドキュメンテーションは「子ども理解」を真ん中に「保育の充実」「コミュニティの充実」の好循環を生み出していきます。それは、ドキュメンテーションが、人が人を想って書くもののため、子どもたちや人々の呼吸が聞こえてくるような生きた保育記録となるからだと思います。

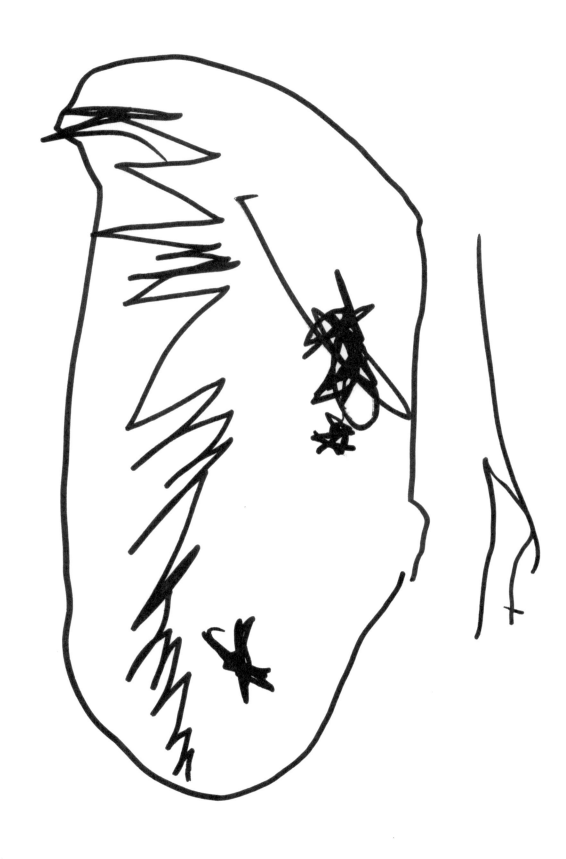

第 5 章

日本の保育記録とドキュメンテーション

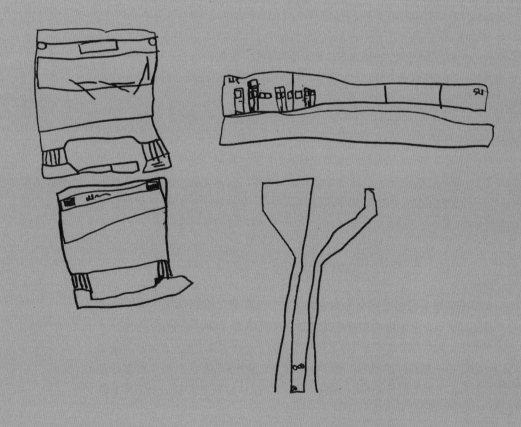

1 何のために保育記録を書くの？
—— 記録の目的・機能とドキュメンテーション

1 保育記録の3つの役割

　日本では、2000年にレッジョ・エミリア市の幼児教育の展覧会「子どもたちの100の言葉」展が開催されて以降、ドキュメンテーションが本格的に紹介され、次第にその取り組みが広がってきました。その中で、従来の保育記録とドキュメンテーションの違いは、比較的あいまいになっているように思われます。ここでは、保育記録の歴史的な多様性をふまえた上で、その中にドキュメンテーションを位置づけることによって、探究と民主主義のツールであるというドキュメンテーションの特徴を明確化します。

　保育者は、何のために保育記録を書くのでしょうか。また、保育の実践を記録することはどのような意味をもっているのでしょうか。大きく分けて、その目的と機能は「子どもを知る」「保育研究」「保護者に保育を伝える」「探究」のためという四つで捉えることができます。実際には、一つの記録が複数の目的と機能をもつことも多いのですが、ここでは四つの目的と機能に即して保育記録を考察しましょう。

(1) 子どもを知る

　一つめは、子どもを知るための記録です。19世紀末から、子どもを知ろうとする「児童研究」が世界的に興隆します。日本でも、教育の基盤として「日本の子ども」の研究が必要だとされ、多様な子ども研究が試みられました。

・・・

＜記録1＞
　まづ初に年長株の二男児が何か相談らしい事をして居りましたが、やがて其辺にあった十余脚の腰掛を持て来ては向い合せ向い合せにくっつけて排べます。あんなに長くつづけて何をするのかと思て見て居りますと、最後に一番端の一脚だけは通常に置かずに立てて置きました。ハハー汽車の煙突かしらんと思て居りますと、果して其次の処には積木のはいって箱を置

きました。之は石炭でここは機関車なので。さて列車ができ上ると技師は化して乗客募集係となり、室の各方でいろいろの事をして居る幼児達に「汽車ニオノリナサイ」と勧めてまわります。

和歌子「幼児の汽車遊び」『婦人と子ども』フレーベル會、1903年

･･

　＜記録1＞は、日本で最も早い時期に、保育者が子どもの自由な遊びの展開を記述した記録です。幼児は何に興味をもち、何を観察したり記憶したりし、どのように考えを発表するのか、という関心から記され、観察的なまなざしが特徴となっています。

　子どもを知るという営みは多様です。＜記録1＞のような子ども一般を知ろうとする研究だけでなく、個々の子どもを知ろうとする研究、「個性調査」や「知能検査」も試みられました。また、＜記録1＞は子どもの言動を観察する研究ですが、子どもの身体や知能を測定したり、学習状況を調査したりと、データを収集するタイプの研究も行われました。これらの多様な児童研究は、後に児童心理学、発達心理学へと展開し、子どもとはどのような存在か、この子どもはどのような存在かということを理解する際の、その理解の仕方を形づくることになります。たとえば、代表的なものとして、子どもの変化を「発達段階」として捉えるという子どもの見方があります。

　児童研究や発達研究の系譜は、主として、客観的な子どもの観察記録としての保育記録を生み出してきました。第二次世界大戦後の教育改革に際して、連合国軍最高司令官総司令部の民間情報教育局による占領期教育指導者講習（IFEL）が行われていますが、その幼稚園教師を対象とする講習では、子どもの発達段階と子どもの個人差を捉える方法が教授されるとともに、子ども観察の実習が行われています。

（2）保育を研究する

　二つめは、保育研究のための記録です。日本では、保育者による保育研究の伝統を背景として、保育を研究するための記録が多く記されてきました。この保育研究のための記録は、保育者の専門職団体である保育会や民間の教育研究運動団体の研究、保育者の研修等において取り組まれ、保育における出来事にどのような意味を付与するかというあり方を形づくってきました。

<記録2>
　保母“それでは吉信ちゃん、クレヨンの木できそう？”／吉信“マダワカンナイヨ、芽デナイモノ”／保母“本当に芽がでるかな？皆どう思う？”みんなけげんな顔をしている。／子ども“ワカンナイヨー”“ヤッテミナキャー”／保母“なんでも播けば芽がでるといいのにね。なんでもできちゃう”／子ども“アメモ？オセンベイモ”“ハクボクハ？”“キャラメルハカワトッテ播カナクチャデナイネ”“バナナハ？”／自分のほしいものを各自が発言するのをみると、それにある望みをかけているようだ。

畑谷光代『つたえあい保育の誕生』博文社、1968年

　＜記録２＞は、東京保育問題研究会の1960年代半ばの実践の記録です。戦後の東京保育問題研究会は、研究者と保育者の共同研究を推進し、その理論を1960年代に「伝えあい保育」として概念化しました。この記録が描いているのは、「吉信」という一人の子が種に興味をもちクレヨンを土に埋めたという話を起点とする、保育者と子どもたちのやりとりです。ここで研究のテーマとなっているのは「集団思考」であり、記録をもとにして、ある子どもの疑問や関心が皆に共有され探究が行われる過程と、それを支える教師の役割が検討されています。

<記録3>
　（Sちゃんが）私の後ろからそーっと出した右手には青草がいっぱい握られていましたが、握りしめられた草は指のあいだから顔を出す程度で、牛が動くのと同時に手を開いてしまい、草は足元に落ちてしまいました。いつもの私なら”やっぱり怖いのだなぁ”と諦めていたでしょうが、振り返ってみたときのSちゃんの表情に恐怖心を感じなかったし”ちょっと怖い、でもあげてみたい……”と葛藤している様子が分かったので、「もう少し長い草にしてみる？」と一緒に探してみました。

鯨岡峻『子どもの心を育てる新保育論のために』ミネルヴァ書房、2018年

　保育研究のための記録も多様です。＜記録２＞の保育記録が、保育の理論化を目指して行われているのに対して、＜記録３＞の「エピソード記述」と呼ばれる保育記録は、主として省察を通した保育者の発達や同僚

性の構築を目的として記されています。その特徴は、実践の当事者である保育者が、保育者と子どもが関わる「接面」を「いま、ここ」の出来事として記述するという点にあります。それゆえ、子どもどうしの関係よりも、保育者と特定の一人の子どもとのかかわりが中心的に描かれています。

　このような保育実践の記録は、子どもの観察記録に比べて、保育者の主観や働きかけを重視する点に特徴があり、保育者の省察に多く用いられてきました。これらの記録を用いた園内研修は、保育の改革や教師のラーニング・コミュニティの形成に寄与しています。

(3) 保育と子どもの成長を保護者に伝える

　三つめは、保育の様子や子どもの成長を伝えるための記録です。伝える相手には、保護者、地域、行政、小学校などがありますが、ここでは主に保護者に向けて書かれた記録に注目します。

　日本では戦前から「園だより」や「学級通信」が発行されており、園やクラスと保護者のコミュニケーションのツールとして機能してきました。それに対して近年は、園と保護者のかかわりを促進するために、ラーニング・ストーリーやポートフォリオが多く用いられています。これらは個々の子どもに即して記述される点で、皆に同じものが配布される「園だより」や「学級通信」とは異なります。

....

＜記録4＞

　まことは毎日友だちと協力して汗だくになって夢中になっていることがある。「タケノコ堀り」である。まわりをていねいに堀り大切にタケノコを掘っている。「やったー！タケノコ取ったよ」はじける笑顔が見られた。お土産にと家に持ち帰る子どもが多い中、**まこと**はタケノコに興味を持って硬い皮をむくと、白いやわらかいタケノコの赤ちゃんが出てきた。・・・雨の日の保育室では**まこと**を中心に粘土でタケノコを作っていた。その粘土のタケノコは実際に食材に触れているので、五感を使って、タケノコを感じているのでとてもていねいで本物そっくりであった。

大宮勇雄『学びの物語の保育実践』ひとなる書房、2010年

....

　＜記録4＞は、日本で取り組まれたラーニング・ストーリーの一節です。ここでは子どもの関心と参加が捉えられています。ニュージーランドで開発されたラーニング・ストーリーの理論は、レッジョ・エミリアにインスパ

イアされており、子どもを「豊かな」学び手として見る点が、子どもの困難や悲しみに多く目を向けてきた日本の記録との違いになっています。

　なおラーニング・ストーリーは、ニュージーランドではテ・ファリキと呼ばれる二文化主義のカリキュラムのためのアセスメントの様式として成立しました。従来のアセスメントがチェックリストで就学準備のスキルを客観的に観察するのに対して、学びの方略にモチベーションを加えた「学びの構え」を捉えようとする点に特徴があります。

　ポートフォリオは多様ですが、子どもの作品や写真やストーリーを「紙ばさみ（ポートフォリオ）」に収集するもので、やはりアセスメントの様式です。ポートフォリオを開発した機関の一つは、芸術における学習や創造を研究するアメリカのハーバード・プロジェクト・ゼロですが、そこでは学ぶ主体における知識や意味の構成を捉えるツールとしてポートフォリオを開発しました。

　プロジェクト・ゼロとレッジョ・エミリア市は1990年代末にドキュメンテーションとアセスメントをテーマとする共同研究を行っていますが、その際に、以下の点にポートフォリオとドキュメンテーションの差異が見出されました。一つは、ポートフォリオは個人を、ドキュメンテーションはグループを焦点化するという点です。もう一つは、ポートフォリオが成果や達成や進歩を照準するのに対し、ドキュメンテーションは教える、学ぶ、遊ぶ、思考するという行為を捉えるという点です。

　ラーニング・ストーリーもポートフォリオも、もともとはアセスメントのための記録であり、外部へのアカウンタビリティ（説明責任）と教育的働きかけを結び付けようとするものです。しかし、日本では保護者との連携や保育者の研修といったように、異なる文脈で意味をもって機能しています。

2　探究と民主主義：ドキュメンテーション

　では、このような歴史的な記録の多様性の中に、ドキュメンテーションはどのように位置づくのでしょうか。レッジョ・エミリアにおけるドキュメンテーションは、機能としては重なる部分があっても、上記三つとは違う機能をもっています。子どもの観察の記録ではないですし、保育研究の記録でもありません。保護者や地域との関係をつくることは重要な機能ですが、園だよりとも、アセスメントとも異なる特徴をもっています。

　ドキュメンテーションの一義的な機能は、「学ぶ行為に統合されたその

一部」（リナルディ）だということにあります。子どもの作品、写真、動画、音声、メモ等からなるドキュメンテーションは、教師や子どもたちにその営みの省察や解釈をもたらし、それが学びの過程、すなわち知の共同構築の過程を意味づけ方向づけます。

　子どもにとってドキュメンテーションは、記憶を支え、自分の学びの過程の痕跡を辿る機会を提供します。すなわちドキュメンテーションは、そこにおいて協働的な探究が行われ、知が構築される場です。

　前述の三つの記録は、いずれも、子どもよりも大人が記録を行い、それを用いた省察や評価を行うものでした。それに対してドキュメンテーションは、子どもたち自身が大人とともに探究し学ぶための記録だといえるでしょう。

　第二に、ドキュメンテーションは保育施設を民主主義の広場にするためのものです。ここには保護者との関係を結ぶという機能が含まれていますが、単に子どもの成長を伝えるためのものではありません。そもそもドキュメンテーションは、子どもたち（と大人たち）の協働的な探究の記録であり、単なる子どもの発達や成長の記録ではないからです。

　ドキュメンテーションは、保育施設と保護者や地域との対話の重要な出発点となり、保育施設の活動を目に見えるものにし、開かれたものにすることで、コミュニティにおける信頼性と正当性を作り出します。ドキュメンテーションによって、一人ひとりの子ども、一人ひとりの保育者、それぞれの園が、公的な意見とアイデンティティを得ることができるのです。

　レッジョ・チルドレンの前代表カルラ・リナルディは、ドキュメンテーションについて次のように述べています。

ドキュメンテーションは子どもと大人に、真に民主的な瞬間を差し出す。それは、対話によって多様性が可視化され、認識されることによって生まれる民主主義である。これこそ価値と倫理に関わる問題なのである。
（グニラ・ダールベリ、ピーター・モス、アラン・ペンス著、浅井幸子監訳『「保育の質」を越えて』ミネルヴァ書房、近刊）

　ドキュメンテーションは、多様な機能をもつことができます。たとえばスウェーデンのレッジョ・インスピレーションの文脈では、教師の省察と教育の変革のツールとして戦略的に用いられています。ドキュメンテーションを構成する写真やメモを用いて、個々の子どものポートフォリオを作成することも行われています。とはいえ、ドキュメンテーションが探究の記録であり、民主主義の場であるということを理解しておくことは重要です。それはドキュメンテーションへの取り組みに含まれている日本の保育を革新する可能性を表現しています。

2　日本のドキュメンテーションの今

1　活動の展開は子どもの話し合いから
　〜本に出てきた山を探し求めて〜
　　──木島平村立おひさま保育園（長野県）

物語に登場する「山」を探そう

　2018（平成30）年4月、年長児18名のクラスで本の読み聞かせをしました。すると、Hが「この山、気になるな」と話し始め、Mは「山は（周りに）いっぱいあるから、どこかにあると思う」と話し、本に出てくる山が実在するのではと考えた子どもたちは、その山を探し始めました。

　みんなでイメージする山の絵や地図を描き、園外活動で実際の山を見てイメージに合う山を探しました。しかし「これじゃない」と口々に話し、目指す山は見つからずにいました。するとMが「本当はないのかも…」と話し始めました。同調する子どももいましたが、Sが「もっとこの本を読めば手がかりがわかるかも」と励まし、Hは「（園庭で捕まえた）このバッタに聞いたら、あっちのほうにあるって！」と伝え、あきらめそうな友だちに次の方法を提案し、あきらめずに探す意欲を見せていました。

目指す「山」はどこ？

　子どもたちの山探しの活動は、時に盛り上がり、下火になり、時々横道

グループごとに目指す山の地図を描きます

描いた山の絵、地図を見合っている子どもたち

話し合い中の様子

にそれながらも、続いていきました。季節は冬になり、クリスマス会の後、「サンタさんが飛んでくるときに、『山』見なかった？って聞けばよかった」と、Sが話し始めました。するとRが「結局私たち、いつ見つけられるの？」と言い、山探しが再び盛り上がっていきました。

　ある日、Kが「この本を書いた人なら知っているかも」と話し始めました。「新幹線で会いに行こう」とYが言うと、Mが「飛行機がいい！」、Hも「保育園に来てもらう？」と考え、Sは「電話は？」と話しました。そこにRが「手紙に『本に出てくる山はどこにありますか？』って書いたら教えてくれるかも」と話して、みんなで手紙を書いて送りたいと、話がまとまっていきました。

探していた山はどんな山？

　山を探すプロジェクトは1年間続き、話し合いを重ねることで、主体的に活動に取り組んだ子どもたちは、活動をやり遂げた満足感を抱いていたようです。

　卒園直前には、本の著者から返事が届きました。そこには「みんなの心の中にある山でしょうか」と書かれていました。子どもたちはイメージする山をジオラマとして作り、自分の写真を山頂に立てることで、山に登った気分を味わっていました。

著者に手紙を書いています

ジオラマ製作中、
どこに何を置くか話し合っています

作ったジオラマで遊んでいいます

2　子どものことをもっと知ろう、より深いところまで見てみようという意識につながる
──経堂保育園（東京都）

日常の保育の見直し

　保育所保育指針をはじめとした3法令の改正を受け、私たちは、保育に今求められていることをとらえながら、あらためて「子どもの最善の利益」を考慮した保育と、保育者一人ひとりの「子ども観」「保育観」を問い直し、「保育の質」とは…?、「計画や記録の見直しと活かし方」を視点にした学び合いに取り組んでみることにしました。

　学び合いの中では、子どもをみるということ（どこを、何をみるか・どうとらえるか）、職員一人ひとりが思考し、周囲との対話を通して共有・共感していくことから、子どものもつ豊かな力、保育のおもしろさを感じていくことに願いを込めました。

　いくつかの方法で園内研修を行う中、気づきや学びを深めながら保育実践につながったものは、保育の様子や子どもの姿を映した写真や動画をもとに、職員同士が自分なりの思いを付箋に書き、それをもとに対話し、全体で分かち合いながら考察していくものでした。

　試行錯誤が続く中で、平成30年度の途中から、東京大学の浅井幸子先生にかかわってもらうことで、自分たちが見ていた視点とは違った角度から、人やもの、こと、場に出会い、かかわる子どもの姿をみて、感じて、探求していく大きなきっかけとなりました。素通りしてしまいがちな保育の一場面にこそ、子どもたちのやわらかで豊かな感性やおもしろい発想、その子どもの好奇心が伝わる表現がいくつもあることに気づくと、話したいことや伝えたいこと、分かち合いたいことが増えました。

　保育の環境づくりへの考察が生まれ、自園で少しずつ工夫してきた日常の取り組みを見直していく中に、ドキュメンテーションへとつながるきっかけがありました。

ドキュメンテーションから生まれる変化

　園では以前から、その日の保育の様子を保護者と分かち合っていく方法として、日中の遊びを中心に、子どもたちがどこで、何を、どのように体験したかを文字で記し、様子が伝わる写真を取り入れた「保育活動記録」を作成していました（写真1）。感じてほしいことが伝わる内容になっているか…などの考察を繰り返し、少しずつ書式や内容を変えながら継続してきました（写真2、3）。

　「保育活動記録」は、保育実践の様子を保護者に知ってもらうことをねらいとしていたので、保育者同士の対話は、保育活動全体の共有や保育者の目から見えた遊びの様子、安全面などで気になったことが多かったように思います。

　日々重ねている保育の日常では、子どもの思いや考え、その子どもなりの感じ方が大切にされ、保育に活かされているだろうか…と問い直す中で、外部の研修や書籍、他園の取り組みなどを通して、「ドキュメンテーション」と呼ばれる保育の記録にふれる機会が増えていきました。

　その魅力を感じつつも、本質的な意味の理解が曖昧なままでは…という迷いや、作成時間の確保の難しさなどを感じながら、まずは今ある「保育活動記録」の違和感を手がかりに、「対話」を大切にして、できることからはじめてみようと考えました。

　保育の中では、「子どもをよく観察する」「子どもから感じてみる」ことにこだわり、「今日の保育活動」として全体的にとらえがちだったところから、「一人ひとりの子ども」と「興味関心を寄せる対象」とのかかわりに着目してみることにしました。「ドキュメンテーション」を意識してみることで、園全体に子どものことをもっと知ろう、より深いところまで見てみようという意識が生まれたことは、素敵な変化だと感じます。

振り返りの変化

　クラス会議や園内研修では、子どもの姿から感じたことを分かち合ってみること、撮った写真をもとに考察してみることを重ねていきました。今までも子どもの姿をもとにした考察や保育の振り返りは行っていましたが、記録や写真、映像をもとに保育実践を振り返っていくと、ひとつの遊びの中に一人ひとりの楽しみ方や工夫が見え、保育者の見立てや解釈は本当にその子どもが見ていた世界や感じていたことだったのかといった疑問が

出てきました。

　そして、子どもの力を感じ、その子らしさに出会い、保育のおもしろさを味わえることがいくつもありました。今までの振り返りは、子どもの姿を話しつつも、どこか書類作成に向けて必要な手段になってしまいがちだったと感じます。子どもの姿から感じていくと、保育者同士が共有したくなり、保護者には、生活、遊びの場面や出来事だけでなく、子どもの具体的な姿を見て、聞いてほしくなる様子が増えました。

　保育者それぞれの探求は、子どもの声をもとにした多様な保育実践へとつながりましたが、一方で「子ども中心、子ども主体の保育活動」について混乱する保育者も出てきました。

　日常の中で対話する内容は少しずつ変化してきたものの、「保育活動記録」に選ぶ写真はやはり保育、遊びの全体像になりがちで、おもしろい！と思った子どもの姿を撮ったつもりでも、興味のもちはじめと達成場面が多いことに気づきました。

　ここでは、限られた職員数で保育を行いながら、子どもの探求を丁寧に追うこと、どの場面を選んで写真に撮るかということの難しさを感じることになりました。混乱や課題が出てきたことを良い機会に、今少し見えはじめたもの、変わりはじめたことを紡いでいきたいと思っていた時期に、浅井先生にかかわっていただき、研修をする機会を得ました。

　混乱から少しずつ抜け出し、新たな気持ちで学び合っていこうと思えるきっかけとなったのは、一人の子どもが関心を寄せたものに好奇心をもってかかわる場面の映像を、職員間で考察したことでした。

公園の隅っこにある木の幹にあいている穴を、木の枝でつつきはじめた4歳児

　4歳児クラスのT君。穴の先を見つめながらつついています。T君は、穴の奥に広がる世界を想像しているような言葉をつぶやいていました。そこへ同じクラスのK君がやって来て、T君の木の枝をひょいっと取り、T君がやっていたように穴をつつきはじめました。

　T君は急に枝を取られて憮然としていましたが、K君の様子を見て、他の枝を探してK君と並んで穴をつつきはじめました（この後、K君の興味は他へと移っていきますが、T君の探求は続きます）。

　4グループに分かれて保育の一場面を考察してみると、グループごとにいろいろな見立てや意見が出ました。T君のもつ豊かさや発想のおもしろさを感じ合い、着眼点や想像力に感心し、この出会いをどのように保育

に活かせるかを対話してみました。その中で、何人かの保育者の頭にモヤモヤと残ったことがありました。

　Ｔ君が使っていた棒をＫ君がいきなり取ったことを、そのままにしてよかったのかな…。自分だったら「Ｔ君が使っている棒だから、Ｋ君も探してきたら」などと声をかけていたかもしれない…。声をかけていたら、Ｋ君が穴をつついて探求することは中断されてしまったかもしれない…。迷いながらの議論が続きました。

　浅井先生は、Ｔ君が関心を寄せてはじめた木の穴への探求が、木の枝を通してＫ君とつながったという見方をしました。

　この時、枝を取ったことをそのままにするかしないかということはさて置き、保育の中で子どもと子どもの心をとらえている対象について考察していく過程で、その場面をどう読み取り、どの声を拾い、どう問いかけ、どのようにかかわるか、または見守るか…によって、先の展開が大きく変わることを実感しました。

　大人が素通りしてしまう景色に目を止め、好奇心をもってかかわる子どもの豊かな力、今までとらえていた概念を打ち崩されるくらい深い「遊びの世界」を感じて、まだまだ浅いところしか見えていなかったことに衝撃を受けました。

　子どもの思考していることをより理解していくために大切なつぶやきを聞き逃している現状も見えてきて、「保育士の専門性」「保育観」「子ども観」についてあらためて考えさせられました。自分たちの見方やかかわり、環境構成が、子どもたちの育つ環境に大きく作用することを実感できたことに、「ドキュメンテーション」のもつ意味を感じました。

　このことをきっかけに、「保育活動記録」は、保育の中で見つけた子どもたちの姿、子どもから感じたこと、学んだことなどを大切に、保育者ひとり一人が自由に作成してみることにして、「保育ダイアリー」と改名しました。

159

　昼の引き継ぎ時間にその日撮った写真を持ち寄り、対話しながらダイアリーを作成してみることにしました。すると、クラスのこと、個々の姿、園全体で考える必要があることまでが、自然と共有化され、考え合うことが日常的にできるようになりました。

　子どものおもしろさや理解しきれないことを共有し、意見交換し、互いのダイアリーを感じながら作成していくと、内容にもそれぞれの工夫や変化が見えました（写真4）。

　子どもの探求を写した写真を子どもの目線に貼ってみることや、ひとつの興味関心を寄せたことを継続して探求していくプロジェクトを可視化するなど、いくつかの「ドキュメンテーション」を試みてみることもはじめてみました（写真5、6）。

　また、子どもたちの作品の飾り方については、子どもたちが感じ合えること、保護者と共有できること、来園した方にも感じてもらえることなどを意識して、工夫してみています。園内にちりばめられた、子どもたちが興味関心を寄せてかかわる姿の写真、探求から生まれた作品、そこに添えてみた子どもを視点とした文字は、詳しい説明よりもはるかに自然に保育園の暮らしと子どもの様子を感じさせてくれている気がします（写真7）。

「子ども観」「保育観」「保育の専門性」への本質理解
　ドキュメンテーションに意識を向けてみたことは、どのクラスにも「食」

につながる興味関心、探求があること、行事で行ったひとつのことが、その子どもなりの好奇心によって、いくつもの形で園内に広がっていることが見えるきっかけにもなりました。

　子どもから見えたこと、感じたことを保育に活かしていくことへのイメージが少しずつもてるようになったことで、子ども主体の保育活動のあり方についても、手探りながら進みつつあるように思います。

　ドキュメンテーションが保育環境にもたらす変化について考えてみた時、「子ども観」「保育観」「保育の専門性」への本質理解へ大きく作用するように感じています。自園でも、取り組みはじめたことを持続的に行い、子ども、保育者、保護者、地域がともに響き合いながら子ども主体の保育実践に繋げていくためには、保育者一人ひとりが、子どもの権利を保障すること、日本、地域の文化、法人の理念を大切にした豊かな環境、保育実践とは…の問いを持って学び合い続けることが欠かせないと感じます。だからこそ、子ども達の「今」から感じ、対話しながら一日一日を紡いでいくことが必要なのでしょう。

　「子どもから」「子どもと」ということへの模索と探求を重ね、ドキュメンテーションをもとにしたリフレクションの機会をもつことを大切に、保育実践につなげていきたいです。

3 保育者同士、保護者、地域をつなげるドキュメンテーションの活用
—— あゆのこ保育園（神奈川県）

写真には、"その子らしさ"がよく表れている

　ドキュメンテーションを始めたきっかけは、10年以上前、保育アドバイザーとしてかかわり始めた秋田喜代美先生からの提案です。年3回の園内研修で、各クラスの事例発表や保育者同士の対話等を受けて講評をいただいたり、保育活動の情報提供等を受けている中で、記録に写真を活用することを提案していただきました。

　当初は「記録に写真を活用する」ことに慣れていませんでしたが、秋田先生の「写真を撮ることは、その子どもをよく観ることにつながる」という話から、「自分たちの撮影する写真には、"その子らしさ"がよく表れている」と気づき、研修を重ねるうちに"保育を撮る"ことが身近になってきたのです。

　それから「もっと気軽に、自分の心が動いた時に撮影できるといい」と、各クラスに1台ずつデジタルカメラを購入し、誰もが気軽に撮影できる環境を整えました。現在では、写真を個別の記録に貼り付けてエピソードを添えたり、掲示を作成し保護者と保育の内容やねらいを共有するために活用することが定着しました。

保育者の自発性を促し、語らいが生まれた

　ドキュメンテーションの効果として、第一に保育者自身が楽しんで記録や掲示を作るようになりました。そのため、記録から「これを（同僚や保護者に）伝えたい」という自発的な思いで作成していることが感じられます。ある掲示を見て、他のクラスの職員が刺激を受け、良い意味で"まねる"ことが増え、クラスの垣根を超えた語らいが生まれたのです。

　また何よりも、掲示を見た保護者が保育の内容に興味を抱き、保育にかかわることが増えました。例えば、5歳児クラスの保育参加では「保護者が子どもたちの前で"お子さんが生まれた時のエピソード"を伝える」取り組みを実施していて、たびたび掲示が作られています。今年で3年目になりましたが、現在までの参加率は100%です。

　当園の理念の一つに「保護者に信頼される温かな支援」がありますが、掲示をきっかけに保護者が保育に関心を抱き、保育を理解し「一緒に子どもを育てる」意識につながっていると感じます。

地域と保護者をつなげる

　秋田先生からの指導に「地域と保護者をつなげる」ことがあります。例えば4歳児クラスが毎年散歩に行っている近くの神社。数年前の担任が「ここはどんな由来のある神社なのだろう」と興味をもち、調べてみました。何を祭っている神社なのか、由来は何か…そんなことを調べてまとめ、掲示にして保護者に伝えました。保護者からは「知らなかった」「行ってみました」といった反応がありました。

　この事例のように、保育者自身が「地域を知ろう」という意欲をもって地域とかかわることが、保護者が自分の住む土地のことをよく知るきっかけになり、地域と保護者をつなぐことになるのではないかと感じています。今後も保育者が地域に関心をもってかかわり、地域と保護者をつなぐ役割を担っていきたいと思います。

ダイヤのような形をしたプラスチックを【キラキラパワー】と称
して、運動会に向けてパワーを集めました。迎えにきた保護
者だけではなく、職員全員も参加しました。パワーが溜まるた
びに、子どもは大喜びしていました。

命について考えるためのカリキュラム。保護者の保育参加のタ
イミングで、子どもが生まれた時のエピソードを語っていただ
きます。皆さん饒舌に語り、子どもはとても嬉しそうです。ク
ラスの仲間も真剣に話を聞きます。

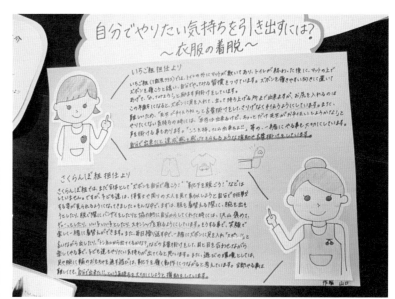

保護者を巻き込む工夫①

「保護者が今悩んでいること」をテーマに取り上げて、掲示を作成しました。食事については栄養士、言葉の発達については保健師など、専門職の力も借りました。衣服の着脱については、一つ年上のクラスの保育者からコメントをもらうことで、視点を変えて保護者の関心をひく工夫をしました。

保護者を巻き込む工夫②

4 歳児クラスでは、見つけた芋虫を「クラスで飼いたい」と子どもが言ったため、「育てるためには何の芋虫なのかわからないといけない」ということで、調べてくるよう、宿題を出しました。すると、家で図鑑を見たり、保護者に聞いたりして答えを持参してくれました。子どもから保護者に聞くことで、自然と保護者も保育に興味をもち、掲示を見てくれる姿が増えました。

4　保育者の育ちにつながるドキュメンテーション
——鳴門教育大学附属幼稚園（徳島県）

ドキュメンテーションを始めたきっかけ

　本園ではフレッシュ保育者から園長等のリーダーにいたる、それぞれのキャリア・ステージにおける保育者育成の研究を進めてきました。そこで、興味深かったのは、保育者が自らの実践を記したり幼児の育ちを記録するとき、そこにはその保育者の育ちもドキュメントされているということです。さらに、幼児と保育者の成長の物語を編むドキュメンテーションは保育者育成の要となることにも気づきました。以下は、フレッシュ保育者の居上真梨子教諭（5歳児担任）の例です。

園内研究会資料「私のチャレンジ」

3年保育5歳児川組担任　居上　真梨子

1.「私」の問題意識

　私は本園に勤務して4年目である。私は4年間、毎日の実践の記録を取ることを大事にしてきた。この過程で出てきた疑問点について先輩の先生方からアドバイスを頂いた。そしてそのアドバイスを元に幼児の内面を紐解き、その省察を元に次の日の保育を考え実践してきた。

　しかしながら、このようなルーティーンで毎日の実践に向き合うだけでは、保育の質を高めるには限界があるのではないかと考え始めている。なぜなら、幼児の実態を把握することは一人一人の幼児との生活を考える上で欠くことは出来ないが、それだけでは保育の方向性を見失う危険性があると考えられるからである。

　つまり、「目の前の幼児の姿がどのようなプロセスの中で現れたのか？」ということや「どのような環境の中で生まれたのか？」という活動の文脈や「その体験はどのような学びにつながったのか？」という評価や保育の改善の手がかりがつかみにくいと考える。そこで、保育の質を高めるために、評価を基にした学級のカリキュラムマネジメントの実践化をはかり、「幼児期の終わりまでに育ってほしい姿」と日々の保育の関連性についての分析していきたい。

▷ 2

2. 研修の方法

①月の指導計画・週の指導計画・日案を作成し保育を実施し、その内容を保育記録で記録する。

②記録を幼児理解と指導の改善の視点で考察する。

③幼児の理解を行う際、「幼児期に育ってほしい姿」に照らし合わせ、幼児の実態を捉え、指導の方略を考える。

❶健康な心と体　❷自立心　❸協同性
❹道徳性・規範意識の芽生え　❺社会生活との関わり
❻思考力の芽生え　❼自然との関わり
❽数量や図形、標識や文字などへの関心・感覚
❾言葉による伝えあい　❿豊かな感性と表現

▷ 2

3. 実践のドキュメンテーション

【事例Ⅰ「基地作り」】
Ⅰ期（4～7月）のねらい
「年長になった喜びや誇りを感じながら、幼稚園のリーダーとしていろいろな役割や活動に取り組んでいく時期」
4月指導のねらい
○進んで、身近な人や環境に関わっていく
○基本的生活習慣や態度、いろいろな園環境の意味や使い方について意識する

子どもの実態（一部抜粋）	指導内容（一部抜粋）
「今日はなにつくろうかな」と言いながら、木と木を組み合わせて何回も釘を打ったり、のこぎりで木を短く切ったりしていた。	打つ強さを考えたり、木に合わせて試したりできるように、釘（長さ、太さ）やのこぎり・木材（長さ、大きさ）などいろいろな種類を準備した。

▷ 3

反省と評価

幼児理解につながる評価の視点	指導の改善につながる評価の視点
何かを作るという明確な目的は未だ無い様子。木という素材やや道具に関わることを楽しんでいるのだろうか？木にくぎを沢山打って、釘がどんどん木に入っていくこと、釘が入っている感触、釘が曲がる不思議さ、釘ととんかちとが当たるトントンという音等を楽しんでいる。釘やとんかち、のこぎり、木など材や道具を試している。（❶健康な心と体・❻思考力の芽生え・❽数量や図形）	道具の使い方のポイントを伝えることによって道具の使い方を意識するようになるのではないか。（❷❹❾への可能性） 散歩で見つけた公園の東屋やベンチ、園のツリーハウスでの遊びと関係して作れる物を私から提案して作ってはどうか。（❸❺❼への可能性） 釘に加えて、接着剤や粘着テープも使えるように準備しておく。（❿への可能性）

▷ 5

166

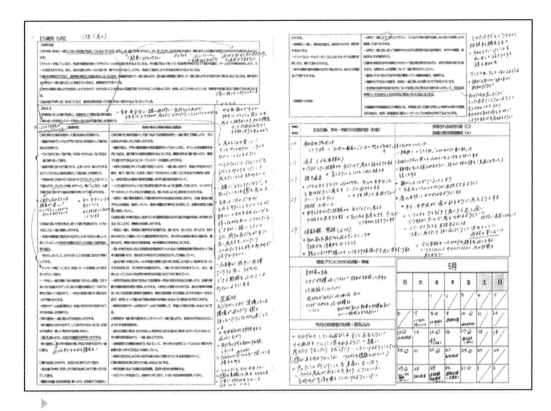

4 月の反省と評価をフィードバックして、5 月の指導計画を作成しました。

ドキュメンテーションの効果

　居上教諭はドキュメンテーションを行ってみた結果、次のような学びを得ています。

・カリキュラム・マネジメントの視点を入れて保育をつくっていくと、これからある園行事と今の幼児の生活が結びついたり、これまで経験してきたことが今の幼児の生活に活かされていたりと、幼児の生活や遊びに時間的、空間的な広がりがでてきた。

・「幼児期の終わりまでに育ってほしい姿」を加えた視点で幼児を見てみると、保育者の視点だけでは幼児を捉える幅が狭かったり、幼児の関心やそれを果たすための課題に目がいきやすかったりすることがわかった。

５．６月の実践 【事例２ 「基地作り２」】

指導のねらい
○身近な動植物や自然の素材にかかわり、その特徴や特性に気づく。
○自分なりに課題をもち、友達と工夫しながら遊ぶ楽しさを味わう。

幼児の実態（一部抜粋）

部屋で基地を作っていると、A君が「先生もっと広くて屋根があるのがいいな」と言ってきた。
保育者は、「外につくる？」「積み木みたいに組み合わせれる台があるよ」と提案した。
B君「いくいく、やってみたい」といい、周りの友達もやってみることになった。巧技台を出して、「ここが肉を焼くところな」「レンジにしよう」とそれぞれが考えてつくっている。
保育者は、木で作った枠組みの家をもってきた。
B君「屋根がいるな」保育者は「青い屋根にする？」と提案しブルーシートの屋根をつける。
A君「ここでパーティーできるじゃない？」
保育者「椅子も机もいるかな？」とA君と探しにいく。空組の前にあった机と網を見つける。A君「先生これええな～」と、笑顔だ。
基地にもっていくと、N君「うわ、この机でいろいろ食べれるな」B君「今日カレーの日だからカレーやな」と言う。お皿やお鍋をつかってカレーをつくる。花壇の土を掘ると、上の層が茶色で下になると濃い色になっているのをみてA君「辛いのがいいですか？ 甘いのがいい？」と保育者にきく。「甘いのでお願いします」A君「わかった」といい上の土をご飯にかける。
B君「先生肉いる」保育者は花壇の石があるところを提案する。B君「先生でっかい肉もってきたよ」網の上で焼いている。実や茎、葉をつかって、隠し味もいれている。A君「いただきます」
と勢いよく、お皿に盛りつけたカレーを食べている。周りの友達も一緒に食べている。保育者「おいしかったね」と伝える。
山組「そろそろカレーライスできるよ」
A君「食べにいこう」とカレー作りは終了した。

指導内容（一部抜粋）

爽やかな気候でもあったので、部屋で遊びを展開していくよりは、外で遊んで欲しいなという思いがあった。巧技台で基地をつくり平均台を組み合わせたら身体も動かせるだろうと思い、このように提案した。
いろいろ意見を出し合っていたので、もっとイメージが広がるようにと思い木の枠をもってきた。
友達の提案や意見をなかなか受け入れずに自分の思いを強く主張していたA君が、提案したり、周りの友達と基地をつくっていたりする様子から保育者も一緒に机や椅子を探し、A君と周りの友達が繋がれるようにした。
6月に「カレーライスづくり」をする。チームでどんなカレーにするのか、相談始めた時だった。木の枠の中でそれぞれがいるものを考えて準備、場をつくっている様子から、カレーライスに繋がる、お肉（花壇の石）カレー粉（真砂土）隠し味（クワの実、アガパンサスの茎、あじさいの葉）等を提案し、カレー作りのイメージが広がり期待を持つようにした。

幼児理解につながる評価の視点

人と繋がりにくい幼児を中心に据えた遊びを展開していくことで、周りの友達との関わりがうまれていく。
自然物やいろいろな色や形の石を肉や野菜に見立てて自分の思いや考えを友達に言葉で伝えあおうとする様子が見られた。（❸❻❼❾❿）

指導の改善につながる評価の視点

カレーづくり（園行事）との関連を考え、必要な場や物を準備したり提案したりすることで、さらに6月13日に近所の店に皆で買い物に行った。この時の体験をもとに7月2日の交通安全教室の事前・事後指導を行った。（❹❺❻への可能性）

レッジョ・エミリア・アプローチにおけるドキュメンテーション

マリーナ・カスタネッティ（レッジョ・チルドレン）

「子どもたちを真剣に研究するすべての人たちは、最終的には、常に彼らの弱点や限界というより、彼らの可能性、才能、そして即座に対話の主人公になる、驚くべき、そして並外れた強さに気づくのです。」

（ローリス・マラグッツィ）[1]

　私は、レッジョ・エミリア市立ディアナ幼児学校の教師として、子どもたちとの経験を観察・記録し、同僚との振り返りを行う中で、子どもたちの力やスキルに大きな信頼を持つようになりました。そして彼らの学びの戦略を理解することに、更に興味を持つようになりました。

子どもたちは、どのように学ぶのだろうか？
彼らは、どのようにして知識を構築し、組織化するのだろうか？
子どもたちは、どのように探索するのだろうか？
教師は、どのようにして子どもたちと共に知識を高められるのだろうか？

　これらは、観察を行いドキュメンテーションを作成するとき、そして保育園や幼児学校での学びのプロセスを捉えて可視化しようとするときに、私たちを導いてくれるいくつかの問いです。
　これらの問いは、レッジョ・エミリア・アプローチにとって極めて重要なテーマであり、レッジョ・チルドレンと共に、まちの保育園・こども園（ナチュラルスマイルジャパン株式会社）と東京大学により企画された数多くの研修プログラムを通して知り合った、日本人の教師や教育者にも大きな関心を集めました。
　私たちの研修、学びのコンテクスト（文脈）の中で、日本の仲間たちと、子どもたちを観察する方法について対話をしました。多くのツール、メモ、音声録音、ビデオ、写真等を用意することはできますが、子どもとの観察の間に、収集されたデータの量、特にその品質は、多くの変数に依存します。活動のコンテクスト（文脈）、子どもたちのグループのサイズ、材料の品質と可能性、表現する言語のつながりに対して、私たちが行う選択は、

それに関する私たちの態度・向き合いと具体的な行動によって異なります。そして、子どもたちの学びの解釈、そして、そのドキュメンテーションを作成するために、最も効果的なさまざまな観察戦略と記録の種類についても話し合いました。教師にとって、これらの発見、理解、比較のプロセスを活性化することは、プロとしての成長の、興味深い建設的な視点であると同時に、子ども、教育、同僚、保護者に対してのより敏感な共感と聴く態度を確立する方法でもあります。

　保育園や幼稚園でのドキュメンテーションの収集と共有は、（日記とアジェンダ、テーマ別のノート、壁に貼られたパネル、出版物、写真とビデオ、展示会等）そのさまざまな形式において、教育活動のすべての当事者にとって、かけがえのない資産です。これによって、子どもと大人がともに行った体験をたどり、その経路と関係性をより理解し、深めることができます。

　これは、行われたことやそこからさらに生まれてくるもののプロジェッタツィオーネ（プロジェクト）に関する対話を可能にし、サポートし、学校と子どもたちの家族との間のコミュニケーションの交換を伴って、教師にとって貴重な研修のツール、および自己研修ツールとして提供されます。さまざまな視点から共有され、再検討され、再構築され、解釈されたときに、ドキュメンテーションは完全かつ適切な意味をもつのです。

　そのことからも、ドキュメンテーションは「教育理論と教育実践の総合的構造的部分であり、子どもたちと大人たちの個人的集団的学びのプロセスの本質に明確で可視的で、評価可能であることに価値を与え、観察手段によって示されたプロセスであり、共有財産となる。」[2] といえることでしょう。

　レッジョ・エミリアの市立幼児学校と保育園は、ドキュメンテーションを内部の教育的ツールとしてだけでなく、常に公共的および政治的側面（市、国、国際レベル）を考慮し、毎日経験され計画されていることを伝えるため、さまざまな形式と方法を考えて続けています。

　これらのコミュニケーション戦略の目的は、常に子どもたちの文化とそ

の権利の認識を支え、価値を与え、幼年期に対しての新たなイメージを発見させ、培い、幼児学校と保育園の毎日の活動の中で生まれてくる知識を、互いに対話させて、学びの素材とすることです。

　私が、まちの保育園・こども園や各園で進行中の学びの経験が非常に重要であると考えるのは、このような幼年期の文化の繊細な向上の観点からであり、それは、共通の教育的価値観を共有し、子どもたちの無限の可能性と能力を発見するための、とめどない希望を生み出し、育て続けるためでもあるのです。

1 C・エドワーズ、L・ガンディーニ、G・フォーマン編、"子どもたちの100の言葉"、パルマ、ジュニア版 ― スパッジャーリ出版社、2017 年、P. 55?56 に記された、レッラ・ガンディーニのローリス・マラグッツィへのインタビュー "物語、思想、文化：ローリス・マラグッツィの声と思考"
2 共著、"レッジョ・エミリア市自治体の幼児学校と乳児保育所の指針"、レッジョ・エミリア、レッジョ・チルドレン、2009 年、P. 12

マリーナ・カスタネッティ　Marina Castagnetti

レッジョ・エミリア市幼児学校・乳児保育所施設 教育学者（ペダゴジスタ）、レッジョ・エミリア コラボレーター（レッジョ・チルドレン）
1982年から1999年まで、3歳から6歳の子どもを対象とするレッジョ・エミリア市立幼稚園 "Diana"（市立ディアナ幼児学校）で教員として勤務。ローリス・マラグッツィやヴェア・ヴェッキと共に、"Diana"校の歴史に残る活動を主導し、"子どもたちの100の言葉"展における数々のプロジェクトに携わる。
2000年から2016年まで、レッジョ・エミリア市立幼児教育施設ドキュメンテーションセンター（教育記録・研究センター）で文献管理や活動のコーディネーターを務める。
現在は、レッジョ・エミリアのローリス・マラグッツィ・インターナショナルセンターに本部を置くレッジョ・チルドレンの国際部門で、育成コースやコンサルティング活動の運営に携わる。イタリア国内外を問わず、研究、出版活動を行い、講師として、レッジョ・エミリア・アプローチに関する数々の会議、セミナー、育成コース等に参加している。

家庭とのコミュニケーションとなる、レッジョ・エミリアの日々のドキュメンテーション

あとがき

　VUCA（不安定、不確実、複雑、曖昧）ワールドが、このようにやってくるとは、想像もしていませんでした。2020年、COVID-19の猛威により、世界中で「ニューノーマル」という言葉が使われるようになりました。この本を執筆している現在、私たちは「新しい日常」に向き合っています。その中、横にいる子どもたちに、ふと目をやると、VUCAは、私たち大人側の観点であって、いまとこれからを生きる子どもたちにとっては、これが「ノーマル」であることに気づかされます。そして、変化に対する、子どもたちの適応力・柔軟性・創造性・戦略・前向きなエネルギーに驚かされ、時に勇気づけられもします。

　しかし、子どもたちが直面する「日常」が、どのようであってもいいわけではありません。私たちはコミュニティの責任として、子どもを守り、育み、これからの社会を描き、行動し続ける必要があります。さらには、自分たちの身のまわりのことに気を配りながらも、世界の秩序への想いとともに、地球をいかに守るかという視点をもつことも欠かせないでしょう。

　一方で、社会・世界は大きすぎて、一人の意思・行動ではどうにもならない無力感から、ため息すら出てくるような状況です。みんなの力を結集する必要が語られたりもしますが、「具体的」にどうするのかが一番のポイントです。

　実は、保育そのものがその「具体的な一歩」だと、私は思うのです。私たち保育に携わるものは、子どものことを考えるとき、無意識にせよ、「S,M,L,XL」の視点で、ものを観ていると思うのです。Sは、目の前の子どもたち（子ども軸）、Mは、保護者・家族、保育者、地域・子どもの周りの人びとのこと（コミュニティ軸）、Lは、私たちの社会・文化（社会・文化軸）、XLは、子どもが生きる未来や歴史から今を見ること（時間軸）です。

　私たちは、子どものためにあり、保護者・コミュニティとともにあり、社会を考え、自分たちの文化に意識を置き、時代を読もうとします。そして、子どもとの日々から、コミュニティを育み、社会に少しずつ手をかけ、未来をひらいています。ありがたいことに、園には、たくさんの当事者がいます。保育は、日々の小さな積み重ねでありながら、「大きな営み」なのだと感じます。このとき、コミュニティを結びつけるのが子どもであることは、この本のあらゆる箇所で触れられてきました。

　私たちが、この「小さくて、大きな営み」のために、コミュニティで大事にしているキーワードがあります。それは「わけない」と言うことです。こちらを紹介して「あとがき」のまとめとしたいと思います。ドキュメンテーションは、この「わけない」を、目の前に広がるリアルな物語りとして、子どもたちと、私たちコミュニティの日常を豊かにしてくれているのです。

「わけない」

知識を、わけない
あたま、こころ、からだを、わけない
ちがいを大切にしながら一人ひとりを、わけない
市民として、大人と子どもを、わけない
園・学校と、地域・社会を、わけない
ひと、いきもの、しぜん、ちきゅうを、わけない
あっちとこっち。世界を、わけない
そして、この、わけない豊かさは、子どもたちが、私たちに届けてくれる。

　　結びに、この本を執筆するにあたり、大変多くの方に支えていただきました。いつも深く豊かな視点に気づかせていただきます、東京大学の秋田喜代美先生、浅井幸子先生、野澤祥子先生。本のため特別に寄稿してくださったレッジョ・チルドレンのマリーナ・カスタネッティさん。素敵な事例をご紹介くださった木島平村立おひさま保育園、経堂保育園、あゆのこ保育園、鳴門教育大学附属幼稚園の皆さま。内容の価値をデザイン領域から深くしてくださった、Donny Grafiksの山本和久さん。対話を重ねながら執筆・編集した、まちの保育園・こども園の「ドキュメンテーション編集委員」各位。日々ともにある、園の子どもたち・保護者・保育チーム・関係者・コミュニティの皆さん。そして、いつも温かく伴走をしてくださいました編集者の平林敦史さんをはじめ、中央法規出版の皆さまに、この場をお借りいたしまして、厚く御礼申し上げます。

2020年12月1日
まちの保育園・こども園　代表　松本理寿輝

「ドキュメンテーション」について考えたい方には、以下の本が、哲学や思想、またその後の広がりを考える上で参考になると思います（なお、保育実践記録に関しては、ラーニング・ストーリーを始め、他にもさまざまな本があります。以下、発行順）

レッジョチルドレン（著）田辺敬子・木下龍太郎・辻昌宏（訳）2001
『子どもたちの100の言葉 −イタリア/レッジョ・エミリア市の幼児教育実践記録』 学研プラス

C.エドワーズ・L.ガンディーニ・G.フォアマン（編著）佐藤学・森眞理・塚田美紀（訳），2001
『子どもたちの100の言葉 −レッジョ・エミリアの幼児教育』 世織書房

佐藤学（監修），ワタリウム美術館（編集）2011
『驚くべき学びの世界 −レッジョ・エミリアの幼児教育』 東京カレンダー

白石淑江・水野恵子（著）2013
『スウェーデン 保育の今 −テーマ活動とドキュメンテーション』 かもがわ出版

森眞理（著）2016
『ポートフォリオ入門:子どもの育ちを共有できるアルバム』 小学館

請川滋大・高橋健介・相馬靖明・利根川彰博・中村章啓・小林明代（著）2016
『保育におけるドキュメンテーションの活用』 ななみ書房

カンチェーミ・ジュンコ・秋田喜代美（編著）佐川早季子・椋田善之 他（訳）2018
『GIFTS FROM THE CHILDREN 子どもたちからの贈りもの −レッジョ・エミリアの哲学に基づく保育実践』 萌文書林

白石淑江2018
『スウェーデンに学ぶドキュメンテーションの活用:子どもから出発する保育実践』 新評論

カルラ・リナルデイ（著）里見実（訳）2019
『レッジョ・エミリアと対話しながら:知の紡ぎ手たちの町と学校』 ミネルヴァ書房

浅井拓久也（編著）2019
『活動の見える化で保育力アップ！ ドキュメンテーションの作り方&活用術』 明治図書出版

大豆生田啓友・おおえだけいこ（著）2020
『日本版保育ドキュメンテーションのすすめ:「子どもはかわいいだけじゃない!」をシェアする写真つき記録』 小学館

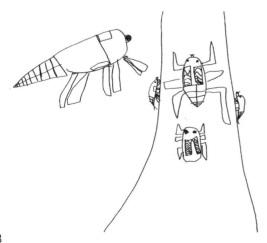

執筆者一覧

監修

秋田喜代美（あきた・きよみ）…学習院大学文学部教授、東京大学名誉教授
松本理寿輝（まつもと・りずき）…ナチュラルスマイルジャパン代表取締役、まちの保育園・こども園代表

編著

東京大学大学院教育学研究科附属発達保育実践政策学センター、まちの保育園・こども園

執筆

野澤祥子（のざわ・さちこ）…第1章　東京大学大学院教育学研究科准教授
松本理寿輝（まつもと・りずき）…第2章・第3章・第4章（前掲）
浅井幸子（あさい・さちこ）…第5章第1節　東京大学大学院教育学研究科教授・
　　　　　　　　　　　　　　東京大学大学院教育学研究科附属発達保育実践政策学センター副センター長

＜さまざまなドキュメンテーション＞

齊川美帆（さいかわ・みほ）　まちの保育園・こども園　アトリエリスタ
内田瑠花（うちだ・るか）　まちのこども園 代々木公園　アトリエリスタ
小林恵子（こばやし・けいこ）　まちの保育園 小竹向原　保育士
鈴木めぐみ（すずき・めぐみ）　まちの保育園 小竹向原　栄養士
高橋あずさ（たかはし・あずさ）　元まちのこども園 代々木公園　看護師
向佐唯（むかさ・ゆい）　まちの保育園 代々木上原　保育士
山岸日登美（やまぎし・ひとみ）まちの保育園・こども園　ペダゴジカルチームディレクター

木島平村立おひさま保育園…第5章第2節第1項
経堂保育園…第5章第2節第2項
あゆのこ保育園…第5章第2節第3項
鳴門教育大学附属幼稚園…第5章第2節第4項

マリーナ・カスタネッティ…特別寄稿

翻訳者
渡邉耕司…特別寄稿訳

協力
飯塚裕也／伊藤美沙子／尾池素伊／岡庭希／カンチェーミ・ジュンコ／齋藤優衣／神帆乃果／助川菜奈子／橋本あずさ／
樋口明子／堀口愛美／本村洸輔／まちの保育園・まちのこども園の子どもたち・コミュニティ

（所属・肩書きは2022年4月現在）

保育の質を高めるドキュメンテーション

園の物語りの探究

2021年4月20日　発行
2022年5月10日　初版第2刷発行

監修者	秋田喜代美、松本理寿輝
編著者	東京大学大学院教育学研究科附属発達保育実践政策学センター、まちの保育園・こども園
発行者	荘村明彦
発行所	中央法規出版株式会社

〒110-0016 東京都台東区台東3-29-1 中央法規ビル
Tel 03(6387)3196
https://www.chuohoki.co.jp/

印刷・製本	図書印刷株式会社
デザイン	山本和久 (Donny Grafiks)
撮影	竹中博信 (Studio egg)

定価はカバーに表示してあります。
ISBN978-4-8058-8207-8

本書の内容に関する質問については、下記URLから「お問い合わせフォーム」にご入力いただきますようお願いいたします。

https://www.chuohoki.co.jp/contact/